Jutta Grimm

# Vegetarisch grillen

Jutta Grimm

# VEGETARISCH GRILLEN

pala-verlag

**Für Margot**

ISBN: 3-923176-80-5

Lektorat: Ute Galter
Umschlaggestaltung: Heine & Lukasczyk, Mühltal
Titelfoto: Erika Heine (06066/266)
Illustrationen: Gundel Hädeler
Druck: Fuldaer Verlagsanstalt, Fulda

# Inhalt

# Vorwort

Die Zeiten haben sich geändert. Noch vor wenigen Jahren galten Vegetarier als Außenseiter, die gemeinhin etwas mitleidig belächelt wurden. Dementsprechend schwer war es für sie, außer Haus zu essen, denn in Restaurants stand meist nur der Salatteller, das Omelette und die „Pizza ohne alles“ für sie zur Auswahl. Daran hat sich einiges geändert, und auch im öffentlichen Bewußtsein werden vegetarisch lebende Menschen heute eher akzeptiert.

Einen Rückfall in alte Zeiten können Vegetarier jedoch bei jedem Grillfest erleben. Hier geben Kotelette, Bratwurst und Schnitzel den Ton an, und die Vegetarier verbringen einen Abend an der Salatschüssel. Wenn man es gut mit ihnen meint, macht man ihnen auf dem Grill vielleicht ein Eckchen für eine Folienkartoffel frei, denn etwas Warmes braucht der Mensch ja.

Und die vielen Bücher zum Thema Grillen bieten neben Spareribs, Bratwürstchen und Steaks nur wenige vegetarische Alternativen. Auch da hört es meist bei der in Alufolie eingeschlagenen gegrillten Tomate oder Kartoffel auf.

Also ist es Zeit für ein Grillbuch für Vegetarier - mit leckeren Obst-, Gemüse-, Käse- und Tofu-Rezepten, mit

Bratlingen und „Gebäck“. Und mit Überlegungen zum Umweltsch(m)utz.

Mein Lexikon sagt zwar zum Stichwort „Grillen“: „Rösten von Fleisch, Fisch u.a. durch Unterhitze in trockener Luft. (...)“ (dtv Brockhaus, Band 7). Doch diese Definition nehme ich nicht allzu wörtlich. Zuerst streiche man Fleisch und Fisch, denn auch unter „u.a.“ bleiben noch genügend leckere Rezepte übrig. Die Unterhitze kann stehenbleiben, sofern nicht nur die reine Strahlungshitze des Feuers gemeint ist. Denn mit ein paar Tricks kann man die Möglichkeiten eines Grills wesentlich erweitern und beispielsweise auch einmal Fladen oder Brötchen darauf backen.

Kurz: Dieses Buch beschäftigt sich mit Ideen und vegetarischen Rezepten rund ums Grillgerät, von denen einige vielleicht nicht ganz unter die klassische Vorstellung vom Grillen fallen.

Im Vordergrund sollte der Spaß an der Gemütlichkeit und Geselligkeit stehen, die beim Grillen meist automatisch aufkommen. Egal, ob Lagerfeuer, Holzkohlegrill, Elektrogrill in der Küche oder der offene Kamin: Grillen erzeugt immer einen Hauch von Pfadfinderromantik. Improvisationstalent ist ohnehin gefragt! Und wenn die vegetarischen und vollwertigen Rezepte dann ihren köstlichen Duft verströmen, bleibt mir nur noch, „guten Appetit“ zu wünschen.

*Jutta Grimm*

# Grill-Geräte

Grillen macht Spaß! Sowohl draußen auf dem Balkon, im eigenen Garten oder auf der Dorfwiese als auch in der kälteren Jahreszeit drinnen. Dementsprechend üppig ist deshalb auch die Zahl der verschiedenen Geräte, die angeboten werden; eine besonders große Auswahl gibt es bei den sogenannten Holzkohlegrills.

## Grillen im Freien

Entscheidend beim Kauf eines Grills ist immer, daß man sich vorher über den genauen Verwendungszweck im klaren ist: Wie oft wird gegrillt? Für wieviele Personen? Muß der Grill oft transportiert werden? Ist der Grill immer Wind und Wetter ausgesetzt?

Auf jeden Fall sollte man darauf achten, daß der Grill stabil und sicher ist (TÜV-GS-Zeichen). Der Glutkorb sollte aus rostfreiem Stahl oder Gußeisen sein und genügend Zug haben. Der Grill-Rost sollte in der Höhe verstellbar sein, damit immer die optimale Temperatur auf das Grillgut einwirken kann.

Im Handel werden manchmal ***Einmal***- oder ***Wegwerfgrills*** aus starker Alufolie angeboten. Diese sind aus ökologischen Gründen nicht zu empfehlen (siehe auch S. 41).

Der ***Minigrill*** besteht aus einem kleinen Metalleimer mit Luftlöchern für guten Zug, einem Einsatz für die Holzkohle und einem Rost. Meist haben die Minigrills noch einen Henkel, damit man sie auch wirklich gut transportieren kann. Auf einem so kleinen Grill lassen sich allerdings nur kleine Mengen auf einmal grillen.

Ein ***Tischgrill*** (Hibachi) aus Gußeisen, Stahlblech oder Ton eignet sich ebenfalls nur für kleinere Portionen. Tischgrills sind leicht zu transportieren. Es gibt auch Modelle mit einem vertikalen Glutkorb.

Eine Besonderheit der Tischgrills aus Ton ist die ***Tajine***. Damit kann man nicht nur konventionell grillen, sondern auch anderweitig kochen. Die Tajine eignet sich daher für alle Freiluftfans, die wirklich den ganzen Sommer über draußen essen wollen. (Und im Winter kann der Tontopf auch auf dem Elektroherd erhitzt werden.)

Die Grillmöglichkeiten selbst sind allerdings recht eingeschränkt. Man kann entweder mit Spießen direkt über der Glut grillen, oder man besorgt sich einen kleinen, passenden Rost zum Auflegen.

Ein einfacher ***Gartengrill*** besteht aus einem runden oder rechteckigen Grillkorb auf 4 hohen Beinen. Bei manchen Geräten kann der Glutkorb auch um 90 Grad gedreht werden (Vertikalgrill). Meist wird als Zubehör außer einem Rost noch ein Windfang und ein Drehspieß zum Grillen größerer (Fleisch-)teile mitgeliefert.

Die preiswerten Gartengrills sind meist leicht und damit gut zu transportieren. Die Standfestigkeit läßt allerdings oft zu wünschen übrig. Ein weiteres Manko sind labile Rostgriffe und oft auch eine sehr niedrige Arbeitshöhe.

Da Gartengrillgeräte oft auf- und abgebaut werden, sollten die Montagevorrichtungen robust und praktisch sein.

Bei einem ***Kugelgrill*** besteht der Glutkorb samt Rostaufhängung aus einer Halbkugel, auf der eine schwenk- oder klappbare Haube aufliegt. Die Haube sorgt im geschlossenen Zustand für größere Hitze im Innenraum, wodurch sich die Grillzeiten gegenüber den Freiluftgeräten etwas verkürzen. Der gefangengehaltene Rauch würzt das Grillgut und hilft auch bei der Bereitung von Backwaren etwas nach. Vorsicht ist allerdings beim Öffnen der Haube geboten: der angestaute Dampf ist sehr heiß.

Der Kugelgrill steht meist auf 3 Beinen, 2 davon mit Rädern zum besseren Transportieren. Das Gerät kann ruhig längere Zeit im Freien gelassen werden. Leider ist der Rost oft nicht verstellbar.

***Gemauerte Gartengrillgeräte*** gibt es in allen Variationen, ja sogar schon fertig zu kaufen. Wichtig ist auch hier, daß der Rost verstellbar aufgehängt werden kann. Bauanleitungen dafür gibt es in fast jedem Heimwerkerbuch. Ein fest in der Erde gemauerter Grill hat allerdings auch den Nachteil, daß er an seinem Standort verankert ist und nicht nach Belieben verschoben werden kann.

In Aussehen und Funktion den Gartengrills ähnlich sind mit Propangas beheizte ***Gasgrills***. Die neueren Geräte verfügen über eine Piezozündung, bei der der Grill einfach per Knopfdruck in Gang gesetzt werden kann. Zwar sind Gasgrills in der Handhabung einfacher als Holzkohlegrills, sie bieten aber auch längst nicht die Atmosphäre, die ein offenes Feuer nun einmal mit sich bringt.

Manche Gasgrills besitzen einen Kochplatten-Aufsatz für die Camping-Küche.

## Grillen in der Wohnung

Und weil das Grillen im Freien so viel Spaß gemacht hat, gibt es für trübe Tage und für den Winter auch Grillgeräte für drinnen.

Die ***Grillpfanne*** ist das einfachste „Grillgerät" überhaupt. Sie besteht aus Gußeisen oder einem beschichteten Material und hat einen stark gerippten oder gewürfelten Boden. Das Grillgut liegt auf den Rippen, zwischen den Rippen sammelt sich heiße Luft, und das Fett kann abfließen - der Grilleffekt wird auf diese Weise nachgeahmt.

Grillpfannen eignen sich für alle Arten von Kochstellen. Vor Gebrauch müssen sie sehr stark erhitzt werden.

***Partygrillgeräte*** haben eine elektrisch oder mit einem Rechaud beheizte Kontaktfläche. Mit ihnen wird direkt am Tisch gegrillt. Bei vielen Geräten können unter dem Heizkörper Pfännchen eingesetzt werden, so daß sie als ***Raclette-Geräte*** zu benutzen sind. Viele Partygrills sind heute als ***Heißer Stein*** mit einer Natursteinplatte ausgerüstet.

Bei ***Kontaktgrillgeräten*** wird das Grillgut zwischen zwei beheizte Flächen eingeklemmt und von beiden

Seiten gleichzeitig durch Kontaktwärme gegart. Die Kontaktflächen sind meist in der Höhe verstellbar, so daß man damit auch Toasts überbacken kann. Aufgeklappt kann der Kontaktgrill als einfacher Grill verwendet werden. Bei manchen Geräten lassen sich die Kontaktflächen auch wenden, und der Kontaktgrill wird zum Waffeleisen. Oftmals werden Zubehörteile wie Raclettepfännchen angeboten.

Da Kontaktgrills nur eine sehr kleine Fläche haben, eignen sie sich nur für kleine Portionen. Andererseits nehmen sie auch nicht so viel Abstellplatz in der Küche ein.

Grillheizkörper oder Infrarotgrills an der Ofendecke ermöglichen - mit und ohne Umluft - ein ***Grillen im Backofen***. Bei etwas luxuriöseren Modellen werden noch Drehspieße, Wrasenbleche und Grillroste mitgeliefert.

Glücklich ist, wer über einen ***offenen Kamin*** verfügt. Am gemütlichen Feuer kann man - vorausgesetzt, ein Rost ist vorhanden - all die leckeren Dinge grillen, die man auch vom Holzkohlegrill her kennt.

Ein ***Tischgrill*** ist ein elektrisch betriebenes Grillgerät, das es in den verschiedensten Größen und Ausstattungen (z.B. selbstreinigend, mit Drehspieß usw.) gibt.

Manche Tischgrills lassen sich auch als Backofen benutzen.

Tischgrills nehmen in der Küche einen relativ großen Standplatz ein. Daher eignen sie sich nur für wirklich überzeugte Grillfans, die keinen Backofen haben. Für die vegetarische Grillküche sind sie ohnehin etwas überdimensioniert.

# Einfache Grills zum Selbermachen

Die einfachste Art des Grillens ist es, einen Spieß mit Grillgut über ein ***Lagerfeuer*** zu halten. Etwas eleganter wird das Ganze, wenn man aus einer oder zwei Astgabeln eine Lagerung für den Spieß baut.

Eine ähnlich einfache Konstruktion ist eine ***Grube***, die man im Boden aushebt. Bitte darauf achten, daß genügend Luft an das Feuer kommt, sonst „zieht“ es nicht richtig. Nun kann man einen Rost auf diese Grube legen oder Spieße darüber drehen.

Wenn man keinen ***Rost*** - vielleicht von einem alten Grill - zur Verfügung hat, kann man sich mit etwas Ähnlichem behelfen, z.B. mit einem Kuchengitter, einem ausrangierten Kühlergrill, etwas festem, feinmaschigem Draht - Hauptsache, die Teile sind aus unbeschichtetem und unlackiertem Material.

Für Fladenbrote kann man beispielsweise auch eine Stein- oder Metallplatte (siehe S. 35 f.) nehmen.

Wer seinen englischen Rasen weder mit dem Aushub eines Grabens noch mit einem Lagerfeuer ruinieren möchte, kann für die Glut einen ***hitzebeständigen Behälter*** nehmen. Dieser muß entweder flach sein (alter Bräter, Fettpfanne aus dem Backofen, Aschekasten,

Tonschale usw.), oder er muß mit Löchern für die Luftzufuhr versehen werden (Blechdose, Zinkeimer).

Bewährt hat sich auch der Bau eines Grills aus einer alten Autofelge oder aus einer Waschmaschinentrommel.

Wenn keine Auflagefläche für einen Rost da ist, kann man sich einen ***Rost mit 3 „Beinen“*** basteln. Die Luxusausführung dazu ist der ***„Schwenkgrill“***: An einem Dreibein hängt ein Rost an einer höhenverstellbaren Kette. Wie der Name schon sagt, kann man den Rost im Bedarfsfall hin und her schwenken. Das Grillgut gart damit gleichmäßiger und brennt nicht so leicht an.

Man sollte beim Bau aber daran denken, daß der Schwenkgrill zusammenlegbar ist, so daß man ihn auch einmal unterwegs verwenden kann; außerdem läßt er sich dann über den Winter besser verstauen.

Für das ganz „individuelle Grillerlebnis“ kann man für jeden Gast einen flachen ***Blumentopfuntersetzer*** aus Ton mit Glut füllen. Als Rost kann man entweder unbeschichteten Maschendraht zurechtschneiden (Vorsicht:

die Schnittstellen entschärfen!), oder man grillt mit Spießen, die man auf den Blumentopfuntersetzer legt.

Für diesen Grillspaß muß der Eßtisch allerdings recht hitzebeständig sein oder gemacht werden.

Auch mit einigen ***Backsteinen*** läßt sich ein einfacher Grill bauen. Es muß ja nicht gleich der gemauerte Luxus-Barbecue-Stand sein. Gelöcherte Steine gewährleisten eine gute Belüftung des Feuers. Oder man läßt in Windrichtung ein „Windloch" offen.

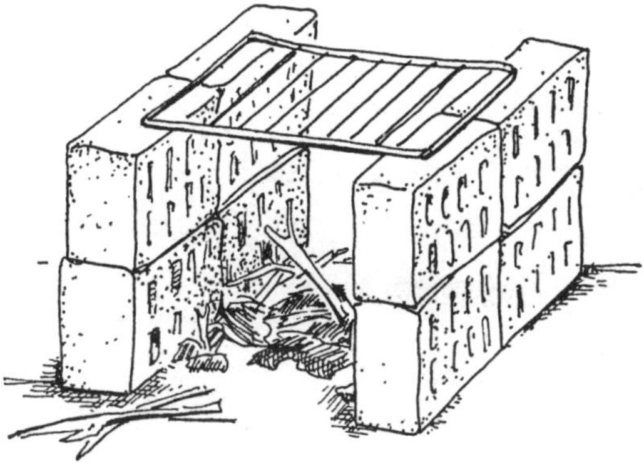

Einen raffinierten „Einmalgrill" kann man mit etwas Mühe aus einem ***halben Baumstamm*** herstellen. Man nimmt dazu den längs halbierten Stamm eines Laubbaums (Länge ca. 50 Zentimeter, Durchmesser ca. 30 Zentimeter) und stemmt das Innere heraus, so daß ein nicht zu dünner Rand stehen bleibt. Die Rinne soll an den Enden offen sein, damit das Feuer genügend „Zug“ hat. Das Abfallmaterial dient gleichzeitig als Brennholz; der Rost kann auf den Rand aufgelegt werden.

Und nach dem Grillen läßt man den Baumstamm wie ein Lagerfeuer einfach in gemütlicher Runde abbrennen.

# Die „Technik“ des Grillens

Grillen ist eigentlich ganz einfach - wenn man weiß, wie's geht. Werden die wichtigsten Grundregeln beachtet, garantiert das einen ungestörten Genuß. Denn wer will sich das Grillfest schon durch einen Feuerwehreinsatz verderben lassen?

## Brennmaterial

Als Brennmaterial eignet sich Holzkohle, die überall im Handel angeboten wird. Sie ist in Papiersäcke abgepackt, gut zu transportieren und einfach zu handhaben. Natürlich kann man auch mit „einfachem“ Holz grillen. Allerdings sollte man nur das Holz von Laubbäumen verwenden, da beim Verbrennen von Nadelbaumholz gesundheitsschädliche Tannine entstehen können.

Hartholz (z.B. Buchen-, Birken- und Wacholderholz) ist als Brennmaterial besonders gut geeignet. Weichholz mit höherem Harzgehalt verbrennt zu schnell und erzeugt daher nicht die nötige Glut. Man sollte es besser zum Anzünden verwenden.

Das als Brennmaterial verwendete Holz muß trocken und gut abgelagert sein; feuchtes oder morsches Holz ist nicht empfehlenswert, da beim Verbrennen zuviel Rauch entsteht.

Die Menge des Brennmaterials richtet sich nach der Größe des Grills und der geplanten Grilldauer. Bei einem Grill mit vertikalem Glutkorb muß der ganze Korb mit Brennmaterial gefüllt sein.

## Feueranmachen

Richtiges Feueranmachen will gelernt sein. Das Brennmaterial wird zeltartig aufgeschichtet, das Einheizmaterial vorsichtig darunter geschoben und angezündet.

Im Handel sind Grillanzünder in flüssiger oder fester Form oder als Paste erhältlich. Genauso gut geeignet sind jedoch Tannenzapfen, Reisig oder harzreiche Späne (Kienholz). Und mit den etwas kleineren Zapfen von Kiefern, von denen man einige ineinandersteckt, läßt sich wirklich jedes Feuer anzünden.

Diese „Naturanzünder" sind kostenlos zu haben, und es macht Spaß, sie zu sammeln. Ein großes Einmachglas, gefüllt mit Tannenzapfen, sieht zudem hübscher aus als eine angebrochene Packung Anzündewürfel.

Wären solche „Zünderzapfen“ nicht ein originelles Mitbringsel für die nächste Grillparty?

Wer es mit der „Hauruck-Methode“ versuchen will, kann Brennspiritus verwenden: Holz oder Kohlen mit Spiritus tränken, einen Moment einziehen lassen und mit einem möglichst langen Streichholz anzünden. Aber bitte vorsichtig, denn dabei kann es zu einer Stichflamme kommen.

Spiritus sollte jedoch nie aus der Flasche auf das Holz oder die Kohlen gegossen werden, denn wenn noch irgendwo Glut oder Feuer ist, kann das Feuer in die Flasche zurückschlagen, und es kommt zu einer Explosion. Ebenso sollte nie Benzin oder Heizöl zum Anzünden verwendet werden! Hier besteht nicht nur die Gefahr der Verpuffung; beim Verbrennen werden auch unangenehme Geruchs- und Geschmacksstoffe frei, die auf das Grillgut übergehen.

Flüssige Anzünder schließlich sollte man niemals auf bereits glühendes Brennmaterial schütten, denn der Grill brennt sofort lichterloh!

## Das Feuer unterhalten

Das Grillfeuer ist dann „richtig“, wenn das Brennmaterial durchgeglüht und der Glutkern von einer weißen Ascheschicht überzogen ist. Je mehr Brennmaterial verwendet wurde und je dichter die Glut liegt, desto größer ist die Hitze. Dies kann man auch im nachhinein regulieren, indem man mit einer Metallschaufel oder einem Schürhaken die Glut zusammen- oder auseinanderschiebt.

Reicht das Brennmaterial nicht aus, kann vom Rand her nachgelegt werden. Aber auch das neue Brennmaterial muß erst durchgeglüht sein, bevor es über den eigentlichen „Grillraum" geschoben werden darf.

Wird die Ascheschicht auf dem Brennmaterial zu dick, muß sie entfernt werden. Dazu nimmt man die Schaufel oder den Schürhaken. Es ist auch möglich, die Asche mit einer gefalteten Zeitung „wegzuwedeln".

## Luftzufuhr

Um das Feuer anzufachen, muß Luft an die Glut gebracht werden. Dazu wird im allgemeinen ein Blasebalg empfohlen, aber auch eine zusammengefaltete Zeitung zum Fächeln reicht aus. Wenn es besonders schnell gehen soll, kann man die Glut auch mit einem Fön anfachen, was allerdings nicht so recht zur Lagerfeuerromantik paßt!

# Das Feuer löschen

Wenn wirklich niemand mehr Appetit hat, kann das Feuer gelöscht werden. Am einfachsten ist es, noch in gemütlicher Runde sitzen zu bleiben und das Feuer von alleine ausgehen zu lassen. Man sollte sich jedoch in jedem Falle vergewissern, daß tatsächlich keine Glut mehr da ist.

Muß es einmal schneller gehen - vielleicht weil ein Sommergewitter heraufzieht -, kann man die Glut mit etwas Sand ersticken.

Mit Wasser sollte man das Feuer nicht löschen, denn erstens macht es hinterher keine Freude, den Glutkorb zu reinigen, und zweitens rostet der Grill auf diese Weise viel schneller.

Die Asche gibt man entweder auf den Kompost oder (kalt!) in die Mülltonne.

# Gesunde Zutaten

Unsere Ernährung hat einen nicht unbeträchtlichen Einfluß auf unser Wohlbefinden. Deshalb sollten wir nicht nur auf die Auswahl der Lebensmittel, die wir zu uns nehmen, achten, sondern auch auf deren Herkunft und Beschaffenheit.

Wenn wir soweit wie möglich Zutaten aus kontrolliert biologischem Anbau (z.B. Demeter, Bioland, ANOG) verwenden, tun wir nicht nur uns selbst etwas Gutes, sondern unterstützen auch den Umweltschutz. Diese „Lebens"mittel sind im Naturkostladen, im Reformhaus oder direkt beim Erzeuger erhältlich. Wer ein eigenes Gärtchen zur Verfügung hat, wird wahrscheinlich ohnehin auf Pestizide und synthetische Düngemittel verzichten. Und für ein paar Blumentöpfe mit frischen Kräutern oder eine Sprossenzucht hat man doch immer Platz - und sei es auf der Fensterbank.

Ungespritzte und unbehandelte Nahrungsmittel haben nicht nur einen viel besseren und intensiveren Geschmack als solche, die mit den Hilfsmitteln der Agrarindustrie hochgepäppelt wurden; sie sind zudem auch noch viel gesünder!

Bei **tierischen Produkten** wie Milch und Eiern sollte man darauf achten, daß diese aus einer artgerechten Tierhaltung stammen. Eier aus Legebatterien sollten nicht nur ihres schlechten Geschmacks wegen nicht mehr auf den Tisch kommen. Übrigens ist auch die „Bodenhaltung“ noch nicht das Gelbe vom Ei, denn auch hier müssen sich immer noch 10 Hühner einen Quadratmeter Stallboden teilen. Erst bei „Freilandhaltung“ kann man von glücklichen Hühnern sprechen. Je nach Betrieb stehen jedem Huhn 2,5 bis 10 Quadratmeter zur Verfügung.

**Obst und Gemüse** sollten immer so frisch wie möglich verarbeitet werden. Zunächst wird mit der Gemüsebürste gründlich gesäubert, schadhafte Stellen schneidet man heraus. Dann wird das Obst bzw. das Gemüse entsprechend zerkleinert, um es dann so schnell wie möglich weiterzuverarbeiten. Durch langes Waschen und Stehen an der Luft gehen viele Mineralstoffe und Vitamine verloren. Obst und Gemüse aus kontrolliert biologischem Anbau kann meist auch mit Schale gegessen werden. Bei konventionellen Erzeugnissen allerdings ist aufgrund der hohen Pestizidbelastung Vorsicht geboten.

Die Nahrungsmittel sollten so naturbelassen sein wie möglich. Das heißt, wir nehmen statt weißen Auszugsmehlprodukten **Vollkornprodukte**, statt raffinertem Zucker **alternative Süßmittel** wie Honig und Ahornsirup und statt lösungsmittelextrahierten, desodorierten Ölen **kaltgepreßte Öle**.

Bei Salz empfiehlt sich das mineralreichere **Meersalz** oder ein mit Kräutern gemischtes **Kräutersalz**. Dennoch sollte man eines nicht vergessen: allzuviel Salz ist ungesund.

**Frisch gemahlener schwarzer Pfeffer** ist ein Genuß. Wer ihn einmal probiert hat, verzichtet wahrscheinlich zeitlebens auf Rieselpfeffer aus dem Streuer.

# Ungesundes

Leider gibt es auch beim Grillen einen Wermutstropfen: Bei unsachgemäßem Gebrauch können Stoffe entstehen, die der Gesundheit nicht zuträglich sind.

## Benzpyrene

Benzpyrene (aromatische Kohlenwasserstoffe) entstehen beim Verglühen brennbarer organischer Stoffe (z.B. Fette). Wenn während des Grillens Fett in die Glut tropft, lodert das Feuer auf, und es entsteht Rauch. In diesem Rauch, der aufsteigt und an dem Grillgut haften bleibt, sind die gesundheitschädlichen Benzpyrene enthalten, die wir dann über die Nahrung zu uns nehmen. In Untersuchungen wurde nachgewiesen, daß Benzpyren und seine Derivate Krebs erzeugen.

Dieser Zusammenhang ist natürlich besonders beim Grillen von Fleisch und Würstchen wichtig. Doch auch beim vegetarischen Grillen können diese Schadstoffe entstehen, wenn man zu großzügig mit Butter oder Pflanzenfett umgeht.

Es gibt verschiedene Möglichkeiten, die Bildung von Benzpyrenen zu verhindern:

- sehr wenig Fett verwenden;
- zwischen Glut und Grillgut eine Trennschicht bringen (Blätter, heißer Stein usw.);
- einen Grill mit vertikalem Glutkorb benutzen (allerdings ist beim vegetarischen Grillen normalerweise so wenig überschüssiges Fett vorhanden, daß auch Grills mit horizontalem Glutkorb ohne größere Bedenken benutzt werden können);
- einen mit Strom oder Gas beheizten Grill verwenden;
- einen „Bio-Grill"-Aufsatz auf den Rost legen. Der Bio-Grill besteht aus einem leicht schrägstehenden, wellig gepreßten Blech aus rostbeständigem Material, auf dessen Wellenkämmen Schlitze eingestanzt sind. So liegt das Grillgut frei über der Glut, das Fett aber fließt in die Wellentäler und von dort in die darunter liegende Fettauffangrinne des Bio-Grills ab. Leider funktioniert dieses schöne Prinzip in der Praxis wirklich nur, wenn die Fettmenge relativ gering bleibt.

## Nitrosamine

Ein weiterer gesundheitsschädlicher Stoff, der immer mit dem Grillen in Zusammenhang gebracht wird, sind die ebenfalls krebserregenden Nitrosamine. Sie entstehen, wenn bei großer Hitze Nitrit und Amine (Eiweißstoffe) miteinander reagieren. Das klassische Nitrosamin-Rezept ist Hawaii-Toast.

Aber auch dieses Risiko ist beim vegetarischen Grillen glücklicherweise sehr gering. Nitrit kommt hauptsächlich in gepökelten und geräucherten Fleisch- und Wurstwaren vor. Im vegetarischen Bereich dagegen besteht diese Gefahr nur bei stark nitrathaltigen Gemüsesorten wie z.B. Spinat, denn Nitrat wird in den menschlichen Verdauungsorganen zu Nitrit umgewandelt. Um Nitrosamine zu bilden, müßte der Spinat jedoch auch noch mit einem eiweißhaltigen Lebensmittel (z.B. Käse) bei hohen Temperaturen gegrillt werden - ein eher ungewöhnliches Rezept.

# Vorsichtsmaßnahmen

Damit die Freude am Grillen ungetrübt bleibt, sollten einige Sicherheitsgrundregeln beachtet werden:

● Die Gefahr von Stichflammen und Verbrennungen darf beim Grillen auf keinen Fall unterschätzt werden. Daher sollte man auf leicht entflammbare Stoffe wie Spiritus oder flüssige Anzünder verzichten. Versengte Augenbrauen oder ein ungewollt verkürzter Pony sind da oft nur die kleinsten Schäden.

● Auch wenn es noch so viel Spaß machen würde: Kinder sollten den Grill niemals selbst anzünden. Den heißen Grill stellt man am besten so, daß tobende Kinder nicht aus Versehen in ihn hineinlaufen oder ihn umreißen können.

● Vorsicht beim Hantieren mit heißen Rosten, Spießen, Metallplatten und ähnlichem. Am besten immer Grillhandschuhe anziehen oder Topflappen benutzen. Sollte es doch einmal zu einer kleinen Brandblase kommen, kühlt man diese mit kaltem Wasser. Größere Verbrennungen können lebensgefährlich sein und müssen schnellstmöglich ärztlich behandelt werden.

● Ab 1. März 1991 gilt für Holzkohle-Grillgeräte eine neue DIN-Norm. Danach muß der Grill kippsicher sein und darf keine scharfen Kanten oder Ecken aufweisen. Blechteile müssen eine bestimmte Dicke und die Roststäbe einen bestimmten Abstand voneinander haben. Im Moment sind allerdings noch viele alte Geräte auf dem Markt. Deshalb darauf achten: Nur Geräte mit dem TÜV-GS-Zeichen (Geprüfte Sicherheit) entsprechen der neuen DIN-Norm.

● Den Grill auf einer möglichst ebenen Unterlage aufstellen, denn auf einem kippeligen Boden nützt auch der sicherste Grill nichts.

● Vorsichtshalber immer einen Eimer Wasser bereitstellen!

# Nützliche Tips

Einen ***Pinsel*** braucht man oft zum Bestreichen des Grillguts mit Öl, Butter oder Marinade. Dazu eignen sich die im Handel erhältlichen Backpinsel. Besonders originell sind aber auch kleine „Reisigbesen“ aus dünnen, geschälten Ästchen. Für pikante Gerichte kann man auch Sträußchen aus frischen Kräutern binden und diese zum Einpinseln verwenden.

Viele Rezepte in diesem Buch geben an, das Grillgut in große Blätter „einzupacken“. Damit diese Päckchen etwas stabiler werden und nicht gleich wieder aufgehen, sollte man die Blätter mit ***Zahnstochern*** oder ***Rouladenklammern*** fixieren. Oder man verschnürt das Ganze mit ***Haushaltsgarn***.

***Spieße*** sind als Metallspieße in verschiedenen Ausführungen im Handel erhältlich. Wir sollten die etwas längeren Spieße bevorzugen, da diese von Rand zu Rand quer über den Grill gelegt werden können. Auch wenn man sie von Hand über der Glut dreht, sind sie praktischer, weil man dann nicht so nah an die heiße Zone gerät. Da Metall die Hitze gut leitet, müssen die Spieße ein isoliertes Ende zum Anfassen haben.

Natürlich kann man Metallspieße auch selbst herstellen. Man schneidet einen dicken Draht auf die richtige Länge zu, hämmert an einem Ende eine Spitze zurecht und macht am anderen Ende einen Griff zum Anfassen (Holz, Korken, Stoffstreifen usw.).

Auch dünnere Stecken aus Hartholz können als Spieße dienen. Je feuchter das Holz noch ist, desto geringer ist die Gefahr, daß die Spieße beim Grillen „mitverkokeln". Holzspieße sehen appetitlicher aus, wenn die Rinde abgeschält ist. Das können die Gäste natürlich auch selbst machen.

Eine amerikanische Sitte ist das Grillen mit Bambusspießchen. Um sie besser vor der großen Hitze zu schützen, werden diese vor dem Grillen einige Zeit ins Wasser gelegt.

Lebensmittel, die direkt auf dem heißen Rost verbrennen würden, können in kleinen ***Metallkörbchen*** über der Glut geschwenkt oder gedreht werden. Dazu eignen sich (zweckentfremdet) Drahtkörbchen, wie man sie beim chinesischen Fondue verwendet, oder auch zusammenklappbare Drahtgeflechte, die zum Grillen von Fisch oder Hamburgern angeboten werden. Auch metallene Dämpfeinsätze für Kochtöpfe sind geeignet.

Fladen, Bratlinge oder empfindliches Grillgut grillt man besser auf einer ***heißen Platte*** aus Metall oder

Stein. Der Stein sollte möglichst feinporig sein (z.B. Schiefer, Granit oder Speckstein) und muß gut vorgeheizt werden. Nach dem Grillen darf man den Stein nur mit klarem Wasser reinigen; schon ein Tropfen Spülmittel würde sich als hauchdünne Schicht auf den Stein legen und seinen Geschmack immer auf das Grillgut übertragen.

Original finnischer Speckstein kann auch über den Fachhandel bezogen werden.

Als Metallplatten nimmt man beispielsweise Platten von alten Kohleherden (beim Trödler nachfragen) oder Platten aus Stahl oder Gußeisen. Auch die im Handel erhältlichen Herd-Aufsätze zur Crêpes-Bereitung sind gut geeignet. Und zur Not tut's auch der Boden einer Springform. Improvisationstalent ist angesagt! Die Platten sollte man nach der Reinigung leicht einölen, das erhöht die Lebensdauer.

Wenn die Gäste selbst ihre Spieße oder Grillpäckchen zusammenstellen, kann man auf einem nicht zu kleinen Beistelltisch das ***notwendige Zubehör*** bereitstellen: Spieße, Zahnstocher oder Klammern, große Blätter, ein Schneidbrett und scharfe Messer, geputztes Obst oder Gemüse, eine Pfeffermühle, Gewürze usw. Auch der Brotkorb sowie Salate, Dips und Buttermischungen - sofern sie nicht direkt auf dem Eßtisch stehen - haben darauf Platz.

Um den Gästen noch einige Menü-Anregungen zu geben, kann man ein paar ***Rezepte auf Zettel*** schreiben und diese mit Wäscheklammern an einer Schnur befestigen. Das sieht auch noch lustig aus.

Für alle, die gerne im größeren Kreis Raclette essen, lohnt sich die Anschaffung oder der Bau eines ***Käsekorbes***. Darin kann man ein halbes großes Käserad so aufstellen, daß die Schnittfläche der Glut zugewandt ist und der Käse dort schmilzt. Der geschmolzene Käse wird nun portionsweise mit einem Holzspatel abgestrichen und kann gleich gegessen werden. Dies ist übrigens auch eine gute Idee für einen Abend am offenen Kamin.

Damit es nicht zu so unangenehmen Zwischenfällen wie verbrannten Fingern kommt, sollten ***Topflappen*** oder noch besser ***Grillhandschuhe*** bereitliegen. Auch eine Zange zum Wenden des Grillguts hat sich bewährt.
Für alle Fälle sollte immer ein Eimer Wasser bereitstehen.

***Kinder*** dürfen nur unter Aufsicht grillen, denn sie übersehen den Grill oftmals beim Toben, reißen ihn um und erleiden dann schwere Verbrennungen.

Grillfeste finden meist im Freien statt. Leider lockt der Essensgeruch auch Wespen als ungebetene Gäste an. Ein ***Wespenstich*** kann mit der frischen Schnittfläche einer Zwiebel oder mit essigsaurer Tonerde gelindert werden. Bei einem Stich in den Mund- oder Rachenraum oder bei einer Wespengiftallergie muß man sich allerdings sofort in ärztliche Behandlung begeben.

# Grillen und Umweltsch(m)utz

Auch beim Grillen kann man aktiven Umweltschutz betreiben. Das fängt z.B. damit an, daß man auf das gerade bei Grillfesten so beliebte Papp- und Plastikgeschirr vezichtet.

## Welches Geschirr?

Findet die Party zuhause statt, kann man ohne weiteres das eigene Geschirr verwenden, und beim Grillen auf öffentlichen Grillplätzen bringen alle Gäste einfach ihre Teller und Bestecke selbst mit. Damit sind sämtliche Probleme, die sich bei der Organisation und Entsorgung des Geschirrs stellen, auf einen Schlag gelöst.

Für richtig große Aktionen bieten viele Städte und Gemeinden mittlerweile ein „Geschirrmobil" an. Dazu gehört ein großer Geschirrvorrat und eine Spülmaschine mit relativ kurzer Durchlaufzeit und einem geringen Wasserverbrauch. Leider sind diese Geschirrmobile oft auf lange Zeit ausgebucht. Also: rechtzeitig planen und bestellen!

# Wo wird gegrillt?

Das Grillen in freier Natur ist natürlich nicht überall erlaubt. Wald- und Naturschutzgebiete sind von vornherein tabu, aber auch nicht an jedem Seeufer oder in jeder Parkanlage darf gegrillt werden. Am besten erkundigt man sich bei den zuständigen Stellen, d.h. in den meisten Fällen bei den Gemeindeämtern.

Übrigens freuen sich auch die wenigsten Bauern über Spuren einer Grillparty, die sie auf ihrer Wiese vorfinden.

Aber auch die Plätze, auf denen Grillen offiziell erlaubt ist, sollte man selbstverständlich nur aufgeräumt verlassen. Den Abfall kann man sammeln und entweder in die dort aufgestellten Müllkörbe geben oder wieder mit nach Hause nehmen. Letztere Maßnahme ist ganz besonders empfehlenswert, da sie gleichzeitig zur Müllvermeidung erzieht!

Da man öffentliche Grills gerne sauber vorfindet, sollte man sie auch sauber hinterlassen, d.h. Asche und Brennmaterialreste ausräumen und den Rost reinigen. Dazu empfiehlt es sich, eine Drahtbürste mitzunehmen.

Auch beim Grillen auf dem heimischen Balkon oder im eigenen Garten heißt es Rücksicht nehmen. Die Nachbarn dürfen weder durch Rauch oder Geruch noch durch Lärm gestört werden. Außerdem zählt das Grillen auf dem Balkon nicht zur verträgsgemäßen Nutzung einer Mietwohnung; es kann also im Extremfall vom Vermieter untersagt werden.

## Alufolie

Zurück zum Umweltschutz: in den meisten Kochbüchern und Ratgebern zum Thema Grillen wird empfohlen, reichlich Alufolie bereitzuhalten. Der besseren Reinigung wegen wird der Glutkorb damit ausgeschlagen, das Grillgut wird darin eingewickelt, der Rost wird damit abgedeckt usw. Der Umwelt zuliebe sollten wir aber nur sehr wenig oder gar keine Alufolie verwenden. Zwar ist Aluminium ein relativ häufig vorkommendes Element (8 Prozent der Erdrinde), es kann aber nicht einfach als Erz abgebaut, sondern muß unter einem extrem hohen Energieaufwand aus Bauxit gewonnen werden. Für die Herstellung einer Tonne Aluminium sind 20.000 Kilowattstunden vonnöten. Zudem werden bei dem Herstellungsprozeß größere Mengen Kohlenmonoxid (ca. 400 kg), Schwefelwasserstoff (ca. 12 kg) und Fluorwasserstoff (ca. 6 kg) frei.

Das in den meisten Haushalten ohnehin anfallende Aluminium (z.B. Verpackungen, Deckel von Joghurtbechern usw.) kann gesammelt und recycelt werden. Mit nur 5 Prozent des ursprünglichen Energieaufwands läßt sich Aluminium wieder in den Rohstoffkreislauf zurückführen. Falls die örtliche Altwarenhandlung kein gesammeltes Aluminium annehmen sollte, gibt das Ordnungsamt Auskunft über Annahmestellen. Letztlich gilt aber auch hier: vermeiden ist besser als wiederverwerten.

Es gibt auch gesundheitliche Aspekte, die gegen die Verwendung von Alufolie sprechen. Kommt Alufolie längere Zeit oder unter Erwärmung in Kontakt mit aggressiven Säuren (wie Essig oder Zitronensaft), bilden sich Aluminiumsalze. Diese können, je nach Konzentration, eine lokale Reizwirkung von adstringierend bis ätzend im Körper hervorrufen; es kann zu Übelkeit, Schmerzen und Erbrechen kommen. Einem Bericht der Zeitschrift „Öko-Test Magazin" (8/89) zufolge wurde darüber hinaus in einer britischen Studie ein Zusammenhang zwischen Aluminium im Trinkwasser und der Alzheimer Krankheit festgestellt.

Mit etwas Phantasie kommt man beim Grillen völlig ohne Alufolie aus:

- das Grillgut in große Blätter (z.B. Kohl-, Rhabarber- oder Weinblätter) einpacken;

- geeignete Obst- und Gemüsesorten (z.B. Bananen und Kartoffeln) direkt in der Schale grillen, die Schale vor dem Verzehr entfernen;
- eine Metallplatte oder eine dünne Steinplatte (z.B. Schiefer oder Speckstein - die Oberfläche darf nicht porös sein) als Auflage auf dem Rost verwenden (Grillsteine dürfen übrigens nur mit klarem Wasser gereinigt werden, da Spülmittel den Stein mit einer dünnen Schicht überzieht, die nicht wieder abzuwaschen ist und daher immer mitschmecken würde);
- kleine Drahtkörbchen benutzen, die das Grillgut aufnehmen (z.B. vom chinesischen Fondue);
- das Grillgut in eine dicke Schicht aus Lehm oder Salzteig (Vorsicht: gibt Geschmack ab!) einpacken - die erstarrte Kruste einfach aufbrechen;
- das Grillgut auf gewässerte dünne Rindenstückchen legen; diese verglimmen langsam und geben Hitze und Geschmack an das Grillgut ab.

# Feste feiern

Egal, ob Singles alleine den Grill anwerfen oder ob eine große Grillparty steigt: Grillen ist stets mehr als das Garen von Nahrungsmitteln. Deshalb sollte dem „Drumherum“ vorher genügend Aufmerksamkeit geschenkt werden.

- Geschirr, Besteck und Gläser bereitstellen und für Getränke sorgen;
- bei Bedarf Kerzen, Windlichter oder Lampen aufstellen;
- fürs Grillen Topflappen oder besser Grillhandschuhe, eine Grillgabel, einen Pinsel oder Ähnliches zum Bestreichen bereitlegen;
- frisches Brot und Brötchen (sofern sie nicht erst „gegrillt“ werden), Salate, Butter, Buttermischungen und Dips vorbereiten;
- das Grillgut vorbereiten: Gemüse putzen, Teig bereiten (daran denken, daß manche Teigsorten einige Zeit ruhen müssen!), Spieße wässern usw.;
- genügend Sitzgelegenheiten bereitstellen und bei der Anordnung bedenken, daß die Gäste später nicht von Rauchschwaden eingenebelt werden;
- genügend Brenn- und Anheizmaterial bereitstellen und den Grill früh genug anheizen: Hartholz braucht

etwa 40 Minuten, Holzkohle 20 bis 30 Minuten, bis sie durchgeglüht ist, d.h. bis der Glutkern von einer weißen Ascheschicht überzogen ist. Nachgelegt wird übrigens immer vom Rand her. Und schließlich:

● 10 Minuten vor Grillbeginn den Rost auflegen, damit er richtig heiß werden kann.

## Und nach der Party...

Auch wenn man eigentlich gar keine Lust mehr hat, empfiehlt es sich, den Grill gleich sauber zu machen, da die Reinigung später ungleich aufwendiger wäre. Wenn der Grill gar noch eine Nacht im Regen verbringt, hat man eine Menge unnötige Arbeit mit einer dicken Schmierschicht. Also: Unlust überwinden und 'ran ans Werk - es dauert gar nicht so lange! Man muß lediglich die Asche (es darf keine Glut mehr vorhanden sein) entweder in die Mülltonne oder auf den Kompost schütten und den Glutkorb mit einer Drahtbürste schrubben. Danach wird der Rost gereinigt (notfalls auch mit einer Drahtbürste) und leicht eingefettet. So übersteht er unbeschadet die Zeit bis zum nächsten Grillen.

# Gemüse

## Zwiebelbriketts

*12 nicht zu große Zwiebeln / Wasser*

Die Zwiebeln in einem ausreichend großen Gefäß schichten und vollständig mit Wasser bedecken. Mindestens 15 Minuten stehen lassen.

Zum Grillen die Zwiebeln einfach auf den Rost legen und hin und wieder wenden. Nach einer halben bis dreiviertel Stunde - je nach Größe - sind sie innen gar. Von außen sehen sie dann in etwa aus wie Eierbriketts.

Zum Essen die Zwiebeln mit einem scharfen Messer halbieren und den Inhalt herauslöffeln. Sie passen besonders gut zu frischem Roggenbrot.

# Gegrillte Auberginen

*2 Auberginen / Salz / 3 Knoblauchzehen /
3 EL Semmelbrösel / 3 EL Parmesan /
2 EL Butter*

Die Auberginen längs in 1 Zentimeter dicke Scheiben schneiden. Mit Salz bestreuen und 15 Minuten ziehen lassen, damit die Bitterstoffe herausgezogen werden. Die Scheiben abwaschen und trocken tupfen. Auf einem geölten Rost 5 bis 10 Minuten grillen.

Die restlichen Zutaten miteinander mischen. Die Auberginenscheiben wenden und mit der Masse bestreichen.

## Basilikumtomaten

*4 Fleischtomaten / 2 EL Olivenöl / 1 EL Essig / 1 TL Senf / 1 Knoblauchzehe / 2 TL frisches Basilikum / Kräutersalz / schwarzer Pfeffer*

Die Fleischtomaten in nicht zu dünne Scheiben schneiden. Aus Olivenöl, Essig, Senf, gepreßtem Knoblauch und gehacktem Basilikum eine Marinade bereiten. Die Tomatenscheiben mit der Marinade bestreichen. Auf einem geölten Rost 3 Minuten grillen. Die Tomaten wenden und mit der restlichen Marinade bestreichen. Ebenfalls 3 Minuten grillen.

Vor dem Servieren mit Kräutersalz und schwarzem Pfeffer würzen.

# Grillkartoffeln

*8 mittelgroße Kartoffeln / Butter / Kräutersalz*

Die Kartoffeln gründlich abbürsten. Mit einer Gabel einige Male einstechen. Jede Kartoffel so in die Glut legen, daß nur noch die obere Seite herausguckt. Nach 30 bis 45 Minuten mit einer Gabel anstechen, um zu sehen, ob die Kartoffeln gar sind.

Die gegarten Kartoffeln mit einer Grillzange aus der Glut holen, oben mit einem Messer kreuzweise einschneiden und mit Butterflöckchen belegen. Mit Kräutersalz würzen. Am besten löffelt man die Kartoffeln direkt aus der Schale.

Statt Butter kann man auch auf jede Kartoffel einen Klecks saure Sahne geben, die eventuell mit frischen Kräutern angemacht ist. Sehr lecker schmeckt das Ganze auch mit Kräuterbutter!

# Maiskolben

*8 Kolben Zuckermais mit Blättern / weiche Butter / Meersalz / schwarzer Pfeffer*

Die Maiskolben vorsichtig schälen, dabei aber die Blätter nicht ablösen. Die Fäden gründlich entfernen. Die Körner mit der weichen Butter bestreichen. Die Blätter wieder oben zusammenschlagen. Mit Haushaltsgarn oder einem Band, das man aus einem Maiskolbenblatt dreht, die Blätter oben zusammenhalten.

Die Maiskolben 15 bis 25 Minuten grillen, dabei öfters wenden.

Zum Servieren die Schnur lösen, die Blätter wieder zurückschlagen und die Kolben mit Kräutersalz und frisch gemahlenem schwarzen Pfeffer würzen.

# Maronen

*500 g Maronen (Eßkastanien) / Butter / Meersalz*

Die Maronenschalen am flachen Ende mit einem scharfen Messer kreuzweise einschneiden. Die Maronen direkt in die Glut legen und 20 bis 30 Minuten grillen. Mit einer Grillzange herausfischen, etwas abkühlen lassen und schälen. Mit Butter und etwas Meersalz servieren.

Auf diese Art kann man die Maronen natürlich auch an einem offenen Kamin grillen. Ein besonderer Spaß für lange Winterabende!

## Rote Zwiebeln

*4-8 rote Zwiebeln / 10 EL Olivenöl / 4 EL Essig / 2 EL frischer Majoran / schwarzer Pfeffer / Meersalz*

Die Zwiebeln in Scheiben schneiden. Aus den restlichen Zutaten eine Marinade bereiten. Die Zwiebelscheiben in einem Gefäß mit Deckel schichten und die Marinade dazugeben. Den Deckel auflegen und das Ganze kräftig schütteln, damit sich die Marinade gut verteilt. Im Kühlschrank einige Stunden durchziehen lassen. Zwischendurch immer mal wieder schütteln.

Die Zwiebelscheiben auf einem geölten Rost von beiden Seiten einige Minuten grillen.

Wer die Zwiebeln etwas weniger scharf mag, kann sie vor dem Marinieren kurz blanchieren.

Übrigens, rote Zwiebeln schmecken nicht nur gut, sie sehen auch sehr dekorativ aus. Natürlich kann man auch alle anderen Zwiebeln verwenden.

# Gegrillte Pepperoni

*ca. 20 eingelegte Pepperoni (mittelscharf oder scharf) / 4 Knoblauchzehen / 3 EL Öl / 1 EL Zitronensaft*

Den Knoblauch fein hacken, mit Öl und Zitronensaft verrühren. Die Pepperoni mit dieser Mischung bestreichen. Auf einem geölten Rost so lange grillen, bis die Pepperoni Farbe annehmen.

Die gegrillten Pepperoni eignen sich auch gut als Vorspeise - allerdings nur für Knoblauchfans.

## Mangoldstiele mit Bluecreme

*Mangoldstiele / 2 EL Olivenöl / 2 EL Zitronensaft / 2 Knoblauchzehen / 100 g Edelschimmelkäse / 100 g Quark / 50 g gehackte Mandeln / Zitronensaft / Meersalz / Pfeffer*

Aus Olivenöl, Zitronensaft und feingehacktem Knoblauch eine Marinade bereiten. Die Mangoldstiele damit bestreichen und auf einem geölten Rost einige Minuten grillen.

In der Zwischenzeit den Edelschimmelkäse mit einer Gabel zerdrücken und mit dem Quark mischen. Die gehackten Mandeln unterziehen und mit Zitronensaft, Meersalz und schwarzem Pfeffer abschmecken.

Die gegrillten Mangoldstiele vom Rost nehmen und mit der Bluecreme bestreichen.

## Grillgemüse mit Tahinsauce

*Gemischtes Gemüse (z.B. Tomaten, Paprika, Zucchini, Auberginen, Fenchel, Lauch, Zwiebeln usw.) / Öl / Meersalz / schwarzer Pfeffer*

***Sauce:*** *2 EL Tahin / 200 ml Joghurt / 1 EL Zitronensaft / 1 Knoblauchzehe / Meersalz*

Das Gemüse in Scheiben schneiden. Wer es nicht so „al dente“ mag, kann die härteren Gemüsesorten wie Fenchel oder Lauch vor dem Grillen kurz blanchieren. Gut abtropfen lassen!

Die Gemüsescheiben mit Öl einpinseln, mit Salz und Pfeffer würzen und auf dem Rost von beiden Seiten grillen, bis sie Farbe annehmen.

Für die Sauce Tahin, Joghurt, Zitronensaft und die gepreßte Knoblauchzehe miteinander verrühren. Mit Meersalz abschmecken.

Das gegrillte Gemüse auf Tellern anrichten und mit der Sauce servieren.

# Gefüllte Champignons

*8 große Champignons / 1 Tomate / 100 g Mozarella / frisches Basilikum / Kräutersalz / Zitronensaft / 2 EL Sesam / flüssige Butter*

Die Champignons putzen. Die Stiele abdrehen und fein hacken. Tomate und Mozarella in kleine Würfel schneiden. Basilikum fein hacken. Tomate, Käse und Basilikum mit den Champignonstielen vermischen und mit Kräutersalz und Zitronensaft würzen. Die Masse in die Pilzhüte füllen und mit Sesam bestreuen.

Die Champignons in die flüssige Butter tauchen. Auf dem Rost etwa 15 Minuten grillen.

## Gemüse

*Gemischtes Gemüse (z.B. Tomaten, Paprika, Zucchini, Auberginen, Fenchel, Zwiebeln, Rosenkohlröschen, Blumenkohlröschen, Lauch usw.) /*
*Öl / Meersalz / schwarzer Pfeffer*

Das Gemüse in Scheiben schneiden. Nach Belieben vor dem Grillen kurz blanchieren. Dickere Stücke, z.B. Rosen- oder Blumenkohl, vorkochen. Gut abtropfen lassen!

Die Gemüsescheiben mit Öl einpinseln und auf dem heißen Rost von beiden Seiten grillen, bis sie Farbe annehmen.

Tomaten können auch als ganze Frucht gegrillt werden. Dazu mit einem scharfen Messer die Haut kreuzweise einritzen. Auf dem geölten Rost grillen, bis die Tomaten schrumpelig werden.

Das Gemüse erst bei Tisch würzen. Nach Belieben Kräuterbutter oder angemachten Schmand dazu reichen.

# Pilzpäckchen

*200 g Pilze (Champignons oder Shiitake) / 75 g Butter / 1 TL Zitronensaft / 1 Knoblauchzehe / Meersalz / frische Kräuter / 4 große Blätter zum Einwickeln (z.B. Rhabarber- oder große Wirsingblätter) / Haushaltsgarn*

Die Pilze putzen und in Scheiben schneiden. Die Butter weichrühren. Mit Zitronensaft, gepreßtem Knoblauch, Meersalz und frischen Kräutern zu Kräuterbutter verarbeiten.

Die Blätter waschen und gut abtropfen lassen. Die Pilze auf die Blätter verteilen. Die Kräuterbutter dazugeben. Die Blattränder übereinanderklappen und mit Haushaltsgarn verschnüren.

Die Päckchen auf dem nicht zu heißen Rost etwa 10 Minuten grillen.

# Fencheltörtchen

*4 kleine Fenchelknollen / Gemüsebrühe / 4 Tomaten / 2 Mozarellakäse / Oregano / Kräutersalz / schwarzer Pfeffer*

Fenchel putzen und in Scheiben schneiden. In Gemüsebrühe etwa 10 Minuten dünsten. Fenchel gut abtropfen lassen.

Die Tomaten und den Mozarella in Scheiben schneiden. Jede Scheibe Fenchel mit Mozarella und einer Tomatenscheibe belegen. Mit Oregano, Kräutersalz und frisch gemahlenem schwarzen Pfeffer würzen.

Die Fencheltörtchen auf dem geölten Rost 10 bis 15 Minuten grillen.

# Gegrillte Zuckererbsen

*4 Tassen Zuckererbsenschoten / 100 g Butter*

Die Zuckererbsen mit der Schale waschen und gut abtropfen lassen. Die Butter in einem kleinen Gefäß auf der Seite des Rostes zum Schmelzen bringen. Die Zuckererbsenschoten in die geschmolzene Butter tauchen und auf den heißen Grill legen, bis sie etwas Farbe annehmen.

Man kann die Erbsenschoten auch auf einen Draht oder einen Spieß auffädeln und so über dem Feuer garen. Ab und zu mit etwas Butter einpinseln.

# Obst

## Curry-Bananen

*4 reife Bananen / Butter / Curry /
Honig nach Geschmack*

Die Bananen ungeschält auf den heißen Rost legen und so lange grillen, bis die Schalen aufplatzen. Mit 2 Gabeln die Risse vorsichtig vergrößern. Butterflöckchen auf die Bananen setzen, mit Curry würzen. Wer's exotischer mag, kann noch mit Honig süßen.

Gegrillte Bananen schmecken als Beilage zu vielen Gerichten oder auch einfach zu einem kräftigen Roggenbrot. Auch als Nachtisch sind sie sehr lecker.

## Bananen mit Käse

*4 Bananen / 4 mitteldicke Scheiben Gouda / Paprikapulver*

Mit einem scharfen Messer bei jeder Banane die Schale längs aufschneiden, so daß sie am Stielende noch zusammenhält. Die obere Bananenhälften (ebenfalls in Längsrichtung) abschneiden. Den Käse in passende Stücke schneiden, die unteren Bananenhälften damit belegen und mit Paprika würzen. Die oberen Bananenhälften aufsetzen und die Schalen wieder schließen. Eventuell mit einem Zahnstocher fixieren. 5 bis 10 Minuten grillen, d.h. so lange, bis der Käse verlaufen ist.

# Ananas-Steaks

*1 Ananas / 3 Knoblauchzehen /*
*2 TL gemahlener Koriander / 1 Prise Cayennepfeffer /*
*3 EL Crème fraîche*

Blattschopf und Stielende der Ananas mit einem scharfen Messer entfernen. Die Ananas quer halbieren, die eine Hälfte im Kühlschrank aufbewahren. Von der anderen Hälfte die harte Außenhaut und den weißlichen Strunk entfernen. Das Fruchtfleisch im Mixer pürieren, mit dem gepreßten Knoblauch, den Gewürzen und der Crème fraîche mischen. Im Kühlschrank einige Stunden durchziehen lassen.

Die andere Ananashälfte in 1 bis 2 Zentimeter dicke Scheiben schneiden und auf den heißen Grill legen. Nach 3 bis 5 Minuten wenden, mit dem Püree überziehen und fertiggrillen.

Man kann die „Steaks" natürlich auch vor dem Grillen von Schale und Strunk befreien. Dann sind sie einfacher zu essen; allerdings sehen sie mit Schale viel dekorativer aus.

# Roqueforbirnen

*4 Birnen / 50 g Butter / 100 g Roquefort / schwarzer Pfeffer / Zitronensaft*

Die Birnen halbieren und die Kerngehäuse herausschneiden. Mit der flachen Seite auf einem geölten Rost 3 bis 5 Minuten grillen.

Die Butter und den Roquefort mit einer Gabel zu einer cremigen Masse verrühren. Mit frischgemahlenem schwarzen Pfeffer und Zitronensaft abschmecken.

Die Birnenhälften wenden und in jede Birne einen Klecks Roquefortbutter setzen. Nochmals 3 Minuten grillen.

## Pfirsiche Surprise

*4 Pfirsiche / 2 EL gekochte Preiselbeeren / 2 EL Crème fraîche / 8 Zahnstocher / Honig / 50 g Mandelblättchen*

Die Pfirsiche halbieren und die Kerne herausnehmen. Die Preiselbeeren mit der Crème fraîche verrühren. Je eine Pfirsichhälfte mit der Masse füllen, mit einer anderen Hälfte wieder zu einem kompletten Pfirsich zusammensetzen und mit je 2 Zahnstochern fixieren.

Entlang der Schnittkanten mit Honig einpinseln und in Mandelblättchen rollen.

Die Pfirsiche auf einem geölten Rost von oben und unten jeweils 3 bis 5 Minuten grillen. Dabei ab und zu leicht hin und her bewegen.

# Bratäpfel

*4 Äpfel / 4 Dörrpflaumen / Apfelsaft / 4 EL Haselnüsse / 4 EL Rosinen / 2 EL Butter / Zimt*

Die Äpfel nicht schälen, sondern nur das Kerngehäuse entfernen. Das geht am besten mit einem Apfelausstecher. Die entkernten Dörrpflaumen einige Stunden in Apfelsaft einweichen. Das „Bohrloch" im Apfel mit je einer Pflaume von unten gut verstopfen, so daß die Füllung später nicht herausfallen kann.

Die Haselnüsse grob hacken. Mit Rosinen, Butter und Zimt vermischen. Die Masse in die Äpfel füllen.

Die Äpfel etwa 20 Minuten unter gelegentlichem Wenden grillen.

# Liebesäpfel

*4 kleine Äpfel / 4 „grüne" Stöcke / Honig / Zimtpulver*

Die Rinde von den Stöcken abschälen, die Stöcke vorne etwas anspitzen. Es ist wichtig, daß das Holz noch nicht zu trocken ist, da es sonst leicht verbrennt. Die Äpfel vorne auf die Stöcke bohren und etwa 30 Minuten über die Glut halten. Die Äpfel während dieser Zeit immer wieder mit Honig bepinseln und mit Zimtpulver bestreuen.

Die Äpfel werden direkt vom Stock gegessen. Wer sie besonders schön anrichten will, kann nach dem Grillen frisches Laub straußartig um die Äpfel herum binden.

# Orangenschiffchen

*2 Orangen / 100 g Butter / 4 EL Pistazien /*
*1 TL Goma Sio / Zitronensaft / Chicorée*

Die Orangen mit einem sehr scharfen Messer so schälen, daß auch die weiße Haut entfernt wird. In etwa 1 Zentimeter dicke Scheiben schneiden.

Die Butter weich rühren, die Pistazien hacken. Mit Goma Sio und etwas Zitronensaft zu einer geschmeidigen Masse verarbeiten. Den Chicorée in einzelne Blättchen teilen. In die einzelnen „Chicoréeschiffchen" einen Klecks von der Pistazienbutter geben und noch einmal kühl stellen.

Die Orangenscheiben auf einem geölten Rost von beiden Seiten etwa 5 Minuten grillen. Je eine Scheibe wie ein Segel in die Pistazienbutter stecken.

## Bananen in der Schale

*4 Bananen / Honig / Zitronensaft*

Die Bananen mit der Schale auf den Rost legen und grillen, bis die Schale ganz schwarz ist. Auf dem Teller die Schale entfernen und die Bananen mit Honig und Zitronensaft beträufeln.

## Bananen indisch

*4 Bananen / 2 EL Kokosflocken /*
*1 EL gehackte Mandeln / 1 TL Honig / 1 EL Butter /*
*1 TL Curry / 1 Prise Ingwer, gemahlen*

Die Bananen mit der Schale auf dem heißen Rost grillen, bis die Schale schwarz ist.

In der Zwischenzeit die restlichen Zutaten miteinander vermengen. Die gegrillten Bananen schälen und mit der Masse bestreichen.

# Grapefruit-Tüten

*2 Grapefruits / 100 g Butter /*
*100 g Himbeeren oder Erdbeeren /*
*1 TL Honig / Vanillepulver*

Die Grapefruits mit der Schale in etwa 1 Zentimeter dicke Scheiben schneiden. Auf dem geölten Rost von beiden Seiten 3 Minuten grillen.

Die Butter schaumig rühren, die Hälfte des Obstes mit einer Gabel zermusen und zu der Butter geben. Mit Honig und Vanillepulver abschmecken.

Die gegrillten Grapefruitscheiben bis zur Mitte einschneiden und die Ränder so überlappen lassen, daß kleine Tüten entstehen. Jede Tüte mit einem Klacks Obstbutter füllen. Mit dem restlichen Obst garnieren.

# Warmer Obstsalat

*1 kg gemischtes Obst (Äpfel, Birnen, Orangen, Pfirsiche, Bananen, Kiwi usw.) / 1/2 Zitrone / 1 EL Honig / 5 EL süße Sahne / 4 EL Nüsse*

Das Obst schälen, entkernen und in nicht zu kleine Stücke schneiden. Auf dem geölten Rost grillen, bis die Scheiben Farbe annehmen.

Aus dem Saft der halben Zitrone, dem Honig und der süßen Sahne eine Marinade bereiten. Die gegrillten Obststücke hineingeben und vorsichtig durchmischen. Mit den gehackten Nüssen bestreut servieren.

# Käse

## Käsepäckchen

*200 g Schafskäse / 2 Knoblauchzehen /*
*1 kleine Zwiebel / 1 TL Paprikapulver /*
*16 eingelegte Weinblätter / 8 Zahnstocher / Öl*

Den Schafskäse zerkrümeln. Den Knoblauch pressen, die Zwiebel fein hacken, unter den Käse mischen. Mit Paprikapulver abschmecken.

Die Weinblätter gut abtropfen lassen. Je 4 Weinblätter kreuzförmig so legen, daß die Ränder überlappen. Mit einem Viertel der Käsemasse füllen. Die Blätter zu kleinen Päckchen zusammenschlagen, mit Zahnstochern fixieren. Die Päckchen dünn mit Öl bestreichen und auf dem nicht zu heißen Rost von beiden Seiten etwa 5 Minuten grillen.

# Raclette

*ca. 1 kg Raclettekäse / Kartoffeln*

Den Käse würfeln. Die Kartoffeln entweder als Pellkartoffeln kochen oder direkt in der Glut garen. Jede/r spießt einen Käsewürfel auf und dreht diesen so lange über der Glut, bis der Käse weich ist. Mit den Kartoffeln zusammen essen.

Sind viele zu einem Raclette-Essen versammelt, kann man den Käse am Stück in einem Drahtgestell so vor die Glut stellen, daß gerade vorne die Schnittfläche anschmilzt. Mit einem breiten Messer wird die geschmolzene Käsemasse heruntergestrichen und serviert. So ein gemütliches Raclette kann man auch sehr gut im Winter am offenen Kamin machen!

# Mozarellakörbchen

*2 mittelgroße Zwiebeln / 2 Mozarellakäse / 1 Zitrone / 4 TL Sesam*

Die Zwiebeln schälen und halbieren. Das Innere bis auf die äußere dicke Schale entfernen (für etwas anderes weiterverwenden). Den Mozarella würfeln. Die Zitrone schälen, so daß auch die weiße Haut entfernt wird, und ebenfalls würfeln. Käse- und Zitronenwürfel mit dem Sesam mischen und in die ausgehöhlten Zwiebeln füllen. Grillen, bis der Käse zerlaufen ist.

Mozarellakörbchen als kleine Vorspeise oder als Beilage aus den Zwiebeln herauslöffeln.

# Camemberttoast

*4 Camemberts / 4 große Blätter (z.B. Rhabarber- oder Wirsingblätter) / 4 Scheiben Vollkornbrot / 4 Blätter Kopfsalat / Preiselbeerkompott*

Jeden Camembert in ein großes Blatt einwickeln und mit Küchengarn zusammenbinden. 10 bis 15 Minuten lang auf den Grill legen. Wenn der Camembert weich ist, das Vollkornbrot kurz auf dem Grill anrösten. Den Camembert auspacken. Dabei die Rinde nicht kaputtmachen, da er sonst ausläuft.

Den Käse auf einem Blatt Kopfsalat auf den Toast geben und mit einem Klacks Preiselbeerkompott servieren.

## Exotischer Tofu

*300 g Tofu / 1 Orange / 1 Banane /*
*100 g Champignons / 4 EL Mandelblättchen /*
*4 EL Kokosflocken / 1/2 TL Kreuzkümmel /*
*1/2 TL Kardamom / 1 TL Curcuma / Sojasauce /*
*4 große Blätter (z.B. Rhabarber- oder Wirsingblätter)*

***Marinade:** 3 EL Sojasauce / 2 El Orangensaft /*
*1 EL Zitronensaft / 2 EL Kokosmilch*

Den Tofu würfeln. Für die Marinade die angegebenen Zutaten miteinander verrühren. Den Tofu einige Stunden in der Marinade ziehen lassen.

Die Orange so schälen, daß auch die weiße Haut entfernt wird, und würfeln. Die Banane schälen und in nicht zu dünne Scheiben schneiden. Die Champignons ebenfalls in Scheiben schneiden.

Den Tofu aus der Marinade nehmen. Zusammen mit den Mandelplättchen, den Kokosflocken und den Gewürzen zum Obst geben.

Das Tofugericht in die großen Blätter geben, diese zusammenfalten und mit Küchengarn fixieren. Eine Viertelstunde am Rande des Feuers grillen.

# Gegrillter Tofu

*400 g Tofu / 1 Zwiebel / 2 EL Öl / 1/2 TL Ingwerpulver / 1/4 TL Nelkenpulver / 5 Wacholderbeeren / Pfeffer / 6 El Sojasauce / 8 EL Wasser / 3 EL Orangensaft*

Den Tofu in nicht zu kleine Würfel schneiden. Die Zwiebel fein hacken und in dem heißen Öl anbraten. Die Gewürze dazugeben. Mit Sojasauce, Wasser und Orangensaft kurz aufkochen lassen.

Die Tofuwürfel einige Stunden in der Marinade ziehen lassen. Den Tofu aus der Marinade fischen, gut abtropfen lassen und auf dem geölten Rost grillen, bis der Tofu Farbe annimmt.

# Käsetoast

*4 Scheiben Vollkornbrot / 2 Pfirsiche / 300 g Gouda / 50 g Butter / 2 EL Tomatenmark / Kräutersalz*

Das Vollkornbrot auf dem heißen Rost von einer Seite toasten. Die Pfirsiche entsteinen und in Scheiben schneiden, den Gouda reiben. Die Butter mit einer Gabel zerdrücken und mit dem Tomatenmark und Kräutersalz verrühren.

Die Brote auf der getoasteten Seite mit den Pfirsichscheiben belegen, den geriebenen Käse darauf verteilen und die Brote nochmals auf den Rost setzen, bis der Käse zu schmelzen beginnt. Die Brote mit Tomatenbutter garniert servieren.

# Spieße

## Rot-gelbe Spieße

*300 g Tofu / 8 EL Sojasauce / 2 EL Wasser / 1 TL Ingwerpulver / 1/2 TL Curcuma / 1/2 TL Curry / rotes Obst oder Gemüse (roter Paprika, rote Zwiebeln, Kirschen, Erdbeeren usw.)*

Den Tofu in 2 Zentimeter große Würfel schneiden. Aus Sojasauce, Wasser und den Gewürzen eine kräftige Marinade anrühren und die Tofuwürfel darin mindestens 2 Stunden lang einlegen. Sie nehmen außer einem guten Geschmack auch eine gelbe Farbe an.

Den Tofu herausnehmen, gut abtropfen lassen und die Würfel von allen Seiten knusprig anbraten. Das kann entweder mit etwas Öl in einer Pfanne geschehen (wenn die Spieße schon vorbereitet werden sollen) oder auf einer Stein- bzw. Metallplatte auf dem heißen Grill.

Die Tofuwürfel abwechselnd mit den roten Obst- oder Gemüsestücken auf Spieße stecken und auf dem Grill garen.

## Dörrobst-Spieß

*400 g gemischte Trockenfrüchte / Wasser / 2 EL Zitronensaft / Butter*

Das Trockenobst eine Stunde lang mit Wasser bedekken. Die Früchte anschließend gut trockentupfen und auf 4 Spieße stecken. Mit dem Zitronensaft beträufeln und während des Grillens mit Butter bestreichen. Die Spieße mehrfach wenden.

## Obstsalat am Spieß

*Gemischte Früchte (z.B. Erdbeeren, Kirschen, Stachelbeeren, Äpfel, Birnen, Bananen, Pfirsiche, Aprikosen usw.) / 2 EL Honig / 1 EL süße Sahne / Zitronensaft*

Das Obst waschen oder schälen. Kirschen oder Aprikosen entsteinen, größere Früchte wie Äpfel, Pfirsiche, Bananen in mundgerechte, aber nicht zu kleine Stücke schneiden (sie fallen sonst leicht ab). Die Früchte auf Spieße aufstecken.

Aus dem Honig, der süßen Sahne und dem Zitronensaft eine nicht zu dünnflüssige Marinade bereiten. Die Spieße auf einen großen flachen Teller legen und sofort mit der Marinade großzügig bestreichen. Eine halbe Stunde durchziehen lassen.

Die Obstspieße auf dem Rost von jeder Seite 1 bis 2 Minuten grillen.

# Griechische Spieße

*12 eingelegte Pepperoni / 3 Knoblauchzehen / 3 EL Olivenöl / 1 TL Zitronensaft / 150 g Schafskäse / 12 eingelegte Weinblätter / 1/2 Salatgurke / 12 Oliven / 8 Partytomaten*

Den Knoblauch schälen, fein hacken und mit dem Olivenöl und Zitronensaft verrühren. Die Pepperoni damit bestreichen. Den Schafskäse in Stückchen schneiden und auf die ausgebreiteten Weinblätter legen. Die Gurke in etwa 1 Zentimeter dicke Scheiben schneiden, die Oliven entsteinen.

Alle Zutaten abwechselnd auf 4 lange Spieße stecken. Dabei die Weinblätter so zusammenraffen, daß der Schafskäse nicht herausfallen kann.

Die Spieße bei nicht zu starker Hitze 5-10 Minuten grillen.

## Spieße provençales

*1 kleine Aubergine / Salz / 2 kleine Zucchini /
1 Fenchel / 2 grüne Paprika / 12 sehr kleine Zwiebeln /
3 Fleischtomaten / 2 EL Olivenöl /
1 TL Kräuter der Provence / Salz /
schwarzer Pfeffer*

Die Aubergine in 1 Zentimeter dicke Scheiben schneiden und dick mit Salz bestreuen. Etwa 30 Minuten ziehen lassen. (Dadurch werden die Bitterstoffe herausgelöst.) Die Auberginenscheiben abwaschen und trockentupfen. Die Zucchini ebenfalls in Scheiben, den Fenchel und die entkernten Paprika in mundgerechte Stücke schneiden. Die Fleischtomaten vierteln. Das Gemüse abwechselnd auf 4 Spieße stecken.

Das Olivenöl mit den Kräutern und den Gewürzen verrühren und das Gemüse damit bestreichen.

Die Spieße bei nicht zu starker Hitze unter Wenden etwa 10-15 Minuten grillen.

# Frühlingszwiebel-Spieße

*200 g Tofu / 4 EL Sesam / 8 EL Sojasauce / 1 TL Ingwerpulver / 1/2 TL Curcuma / 1/2 TL Curry / 8 Frühlingszwiebeln / 8 Spieße*

Den Tofu gut abtropfen lassen, in Würfel von etwa 2 Zentimeter Kantenlänge schneiden und in Sesam wälzen.

Aus Sojasauce, Ingwer, Curcuma und Curry eine Marinade bereiten und den Tofu darin über Nacht ziehen lassen.

Die Frühlingszwiebeln waschen und den oberen Teil der Blätter wegschneiden. Die Frühlingszwiebeln in Stücke von etwa 3 Zentimeter Länge schneiden.

Abwechselnd Frühlingszwiebeln und Tofuwürfel auf die Spieße stecken.

Es sieht besonders originell aus, wenn pro Spieß eine Zwiebel so angeordnet wird, als wäre sie noch am Stück: Blattansatz, Tofu, Zwiebel, Tofu, Zwiebel, Tofu, Zwiebel, Tofu, Wurzel.

# Brot-Spieße

*4 dicke Scheiben Vollkornbrot / 4 EL Öl /*
*2 Knoblauchzehen / 2 Tomaten /*
*100 g Schnittkäse (Emmentaler, Greyerzer o.ä.)*

Das Vollkornbrot in Würfel schneiden. Den gepreßten Knoblauch zu dem Öl geben und einige Zeit ziehen lassen. Die Brotwürfel mit dem Knoblauchöl bestreichen.

Die Tomaten in Scheiben schneiden, den Käse würfeln. Abwechselnd mit den Brotwürfeln auf Spieße stecken.

Über dem Grill drehen, bis die Brotstückchen knusprig sind.

# Bratlinge

## Grünkern-Bratlinge

*100 g Grünkern / 1 kleine Zwiebel / 1 EL Öl /
200 ml Wasser / 1 Ei / 2 EL Kräuter / Meersalz*

Den Grünkern mittelfein schroten. Die Zwiebel fein hacken und in dem Öl anbraten. Den Grünkernschrot dazugeben. Das Wasser zugießen. Ankochen und dann bei ausgeschalteter Kochplatte 1 Stunde quellen lassen. Abkühlen lassen.

Das Ei und die gehackten Kräuter unter die Masse ziehen. Mit Meersalz abschmecken.

Mit angefeuchteten Händen 4 Bratlinge formen. Auf dem geölten Rost von beiden Seiten etwa 5 Minuten backen.

● Diese und alle folgenden Bratlinge und Küchle lassen sich natürlich auch in der Pfanne mit etwas Öl ausbacken (dabei bekommen sie eine tolle Kruste!) oder auf einem gefetteten Blech im Backofen.

# Gefüllte Weizen-Bratlinge

*150 g Weizen / 1 kleine Zwiebel / 1 EL Öl / 400 ml Wasser / 1 Ei / 2 Knoblauchzehen / Meersalz / Paprika / schwarzer Pfeffer / 100 g Schafskäse*

Den Weizen mittelfein schroten. Die Zwiebel fein hacken und in dem Öl anbraten. Den Weizenschrot dazugeben. Das Wasser zugießen. Ankochen und dann bei ausgeschalteter Kochplatte 1 Stunde quellen lassen. Öfters umrühren. Abkühlen lassen.

Das Ei und den gepreßten Knoblauch unter die Masse ziehen. Mit Meersalz, Paprika und schwarzem Pfeffer abschmecken.

Mit angefeuchteten Händen 4 Bratlinge formen. Den Käse in 4 Portionen aufteilen und die Bratlinge damit füllen. Auf dem geölten Rost von beiden Seiten etwa 5 Minuten backen.

# Kichererbsen-Küchlein

*3 Tassen gekochte Kichererbsen /
150 ml Gemüsebrühe / 2 Scheiben Vollkornbrot /
2 EL Vollkornmehl / 2 Knoblauchzehen / Meersalz /
1/2 TL Curcuma / Pfeffer*

Die gekochten Kichererbsen mit der Gemüsebrühe und dem Brot im Mixer fein pürieren. Das Mehl unterrühren. Den Knoblauch hineinpressen. Mit Meersalz, Curcuma und Pfeffer abschmecken.

Die Masse zu kleinen Küchlein formen und auf dem geölten Rost von beiden Seiten etwa 10 Minuten backen.

● Kichererbsen werden folgendermaßen zubereitet: über Nacht in genügend Wasser einweichen, Einweichwasser wegschütten und die Kichererbsen in frischem Wasser in zwei bis drei Stunden (im Dampfdrucktopf geht's natürlich schneller!) garkochen.

# Hirse-Bratlinge

*150 g Hirse / 1 kleine Zwiebel / Öl /*
*ca. 300 ml heiße Gemüsebrühe / 4 EL Vollkornmehl /*
*2 Eier / 2 Knoblauchzehen / Pfeffer*

Die Zwiebel fein hacken und in dem Öl anbraten. Die Hirse dazugeben, die Brühe zugießen. Zum Kochen bringen und bei ausgeschalteter Kochplatte 20 Minuten ausquellen lassen. Abkühlen lassen.

Das Vollkornmehl, die Eier und den gepreßten Knoblauch unterrühren. Mit Pfeffer würzen.

Flache Bratlinge formen und auf dem geölten Rost von beiden Seiten 10 Minuten braten.

# Tofu-Bratlinge

*200 g Hirse / 1/2 l Gemüsebrühe / 200 g Tofu /
1 kleine Karotte / 1 Knoblauchzehe /
1 EL Sojasauce / Paprika*

Die Hirse mit der Gemüsebrühe zum Kochen bringen und bei ausgeschalteter Kochplatte 20 Minuten quellen lassen. Den Tofu mit einer Gabel zerkrümeln, die Karotte fein raspeln, den Knoblauch pressen. Alles mit der Sojasauce unter die Hirse mischen. Mit Paprika abschmecken.

Aus der Masse kleine Bratlinge formen und auf dem geölten Rost von beiden Seiten 10 Minuten braten.

## Weißkohl-Bratlinge

*200 g Hirse / 1/2 l Gemüsebrühe / 1/4 Weißkohl / 1 EL Tahin / 2 EL Sojasauce*

Die Hirse mit der Gemüsebrühe zum Kochen bringen und bei ausgeschalteter Kochplatte 20 Minuten quellen lassen. Den Weißkohl fein raspeln. Das Tahin mit der Sojasauce anrühren und unter die Hirse mischen.

Aus der Masse kleine Bratlinge formen und auf dem geölten Rost von beiden Seiten 10 Minuten braten.

## Buchweizenküchle

*150 g Buchweizen / 300 ml Gemüsebrühe / 100 g Vollkornbrösel / Paprika / Kräutersalz*

Den Buchweizen mit der Gemüsebrühe zum Kochen bringen und bei ausgeschalteter Kochplatte 10 bis 15 Minuten quellen lassen. Die Vollkornbrösel untermischen, mit Paprika und Kräutersalz würzen.

Mit angefeuchteten Händen kleine Küchle formen und auf dem geölten Rost von beiden Seiten 10 Minuten backen.

# Roggenbratlinge

*300 g Roggen / Wasser / 1 kleine Stange Lauch / 1 kleine Karotte / Kräutersalz / Paprika / 1 EL Hefeflocken*

Den Roggen grob schroten, in soviel Wasser legen, daß er bedeckt ist, und 1 Stunde quellen lassen. Das Wasser sollte danach ganz aufgesogen sein. Den Lauch fein schneiden, die Karotte fein raspeln. Mit den Gewürzen unter den Schrot mischen. Mit bemehlten Händen kleine, flache Bratlinge formen und auf dem geölten Rost ausbacken.

## Polenta-Küchle

*5 Mangoldblätter / 250 g Maisgrieß (Polenta) / 1 l Gemüsebrühe / 100 g Schafskäse*

Die Mangoldblätter fein hacken. Zusammen mit dem Maisgrieß und der Gemüsebrühe aufkochen und bei schwacher Hitze 30 bis 45 Minuten ausquellen lassen.

Die Polenta abkühlen lassen und mit feuchten Händen zu Bratlingen formen. Den Schafskäse würfeln und die Bratlinge damit füllen. Die Polenta-Küchle auf dem geölten Rost von beiden Seiten knusprig backen.

Gegrillte Polenta kann einfach als Beilage gereicht werden. Sie kann aber auch als Unterlage, belegt mit Gemüse, Käse oder Obst, ein eigenständiges Gericht bilden.

## Tofu-Bälle

*250 g Tofu / 2 Karotten / 1 Zwiebel / 150 g Erdnüsse / 1 TL Honig / 1 EL Sojasauce / 3 EL gekochter Reis oder anderes Getreide / 1 EL Öl / Paniermehl*

Den Tofu zerkrümeln, die Karotten fein reiben, die Zwiebel fein schneiden. Die Erdnüsse mit einem schweren Messer grob hacken. Alle Zutaten gut miteinander vermischen; dabei soviel Paniermehl zugeben, bis die Masse gut zusammenhält. Kleine Bällchen daraus formen und 5 Minuten auf dem heißen Grill backen.

## Tofu-Grünkern-Plätzchen

*300 g Tofu / 300 g gekochter Grünkern / 2 EL Sojasauce / 2 EL Hefeflocken / 1 TL Kräutersalz / Pfeffer / 3 EL frische, gehackte Kräuter*

Den Tofu zerkrümeln. Alle Zutaten gut miteinander vermischen. Mit einem Eßlöffel Portionen abnehmen, kleine Plätzchen daraus formen und auf dem heißen Grill oder einer heißen Steinplatte knusprig braten.

● Der Grünkern muß übrigens im Gegensatz zu manch anderen Getreidesorten vor dem Kochen nicht -oder zumindest nicht lange - eingeweicht werden. Man gibt Grünkern einfach in ca. die doppelte Menge Wasser, läßt ihn gegebenenfalls ein paar Stunden stehen, kocht ihn in gut 30 Minuten weich und läßt ihn auf der ausgeschalteten Herdplatte noch etwas quellen.

# Hamburger, Chapatis & Co.

## Tofu-Burger

*600 g Tofu / 1 Zwiebel / Salz / Pfeffer / Paprika / 1 EL Kräuter der Provence / 200 g gekochter Reis / Salatblätter / Tomatenscheiben / Gurkenscheiben / 8 EL Mayonnaise / 8 Vollkornbrötchen*

Den Tofu mit einer Gabel zerdrücken. Die Hälfte der Zwiebel sehr fein hacken, die andere Hälfte in feine Ringe schneiden. Tofu, Zwiebelwürfel, Gewürze und den gekochten Reis mischen und daraus 8 flache Bratlinge formen. Die Bratlinge auf dem Grill in etwa 15 Minuten garen.

Jeden Tofu-Burger mit einem grünen Salatblatt, Tomaten- und Gurkenscheiben, Zwiebelringen und 1 Eßlöffel Mayonnaise zwischen 2 Brötchenhälften legen.

# Tempeh-Burger

*250 g Tempeh / 1 Zwiebel / 1 Knoblauchzehe / 1 Karotte / Pfeffer / Salz / 1 EL Sojasauce / ca. 60 g gekochte Hirse / 1 EL Mehl / Salatblätter / Tomatenscheiben / Gurkenscheiben / 8 EL Mayonnaise / 8 Vollkornbrötchen*

Tempeh mit der Gabel zerdrücken. Die Hälfte der Zwiebel sehr fein hacken, die andere Hälfte in feine Ringe schneiden und zum Garnieren beiseite stellen. Die Knoblauchzehe pressen, die Karotte fein raspeln. Tempeh, Zwiebelwürfel, Knoblauch, Karotte und Gewürze mit der Hirse und dem Mehl gut vermischen. Es soll eine formbare Masse entstehen. 8 flache Bratlinge daraus formen und auf dem Grill von beiden Seiten backen.

Jeden Bratling mit einem grünen Salatblatt, Tomaten- und Gurkenscheiben, Zwiebelringen und 1 Eßlöffel Mayonnaise zwischen 2 Brötchenhälften legen.

● Hirse wird gekocht, indem man sie mit der doppelten Menge Wasser zum Kochen bringt und dann bei ausgeschalteter Kochplatte 20 Minuten ausquellen läßt.

# Grundrezept Tortillas

*200 g Mehl / 1 TL Salz /*
*100 ml lauwarmes Wasser*

Salz in das gesiebte Mehl geben. Das Mehl mit dem Wasser vermischen und gut durchkneten. Den Teig 1 Stunde ruhen lassen.

Den Teig in 12 gleichgroße Stücke teilen und zu Kugeln formen. Jede Kugel zwischen 2 Lagen Pergamentpapier etwa 2 Millimeter dick ausrollen.

Auf dem Grill eine flache Steinplatte oder ein Metall erhitzen. Die Tortillas darauf von jeder Seite 2-3 Minuten backen.

Die Tortillas mit einer leckeren Füllung bestreichen, zusammenklappen und mit saurer Sahne oder einer lekkeren Sauce servieren.

Die Original-Tortillas werden aus einem speziellen Maismehl zubereitet. Man kann natürlich auch das hier erhältliche Maismehl nehmen; damit werden die Tortillas allerdings spröder und lassen sich nicht so gut rollen oder falten. Mit einer Mischung aus 100 g Weizenmehl und 100 g Maismehl, beides fein gemahlen, kann man aber dennoch gute Ergebnisse erzielen.

## Tortillas mit Käsefüllung

***Teig:*** *200 g Mehl / 1 TL Salz / 100 ml lauwarmes Wasser*

***Füllung:*** *300 g Käse (z.B. Emmentaler, Greyerzer, Raclette) / 100 g saure Sahne / Cayennepfeffer / 1/2 TL Kardamom / 1/2 TL Kreuzkümmel*

Für die Tortillas das Mehl sieben, mit Salz und Wasser mischen und gut durchkneten. Teig 1 Stunde ruhen lassen. Dann in 12 gleichgroße Stücke teilen und zu Kugeln formen. Jede Kugel zwischen 2 Lagen Pergamentpapier etwa 2 Millimeter dick ausrollen.

Auf dem Grill eine flache Steinplatte oder ein Metall erhitzen. Die Tortillas darauf von jeder Seite 2-3 Minuten backen.

Den Käse grob raspeln oder sehr fein schneiden. Mit der sauren Sahne und den Gewürzen mischen. Die Tortillas mit der Käsemasse bestreichen, zusammenklappen und noch einmal kurz auf dem Grill heiß werden lassen.

Mit Mexiko-Sauce (S. 137) oder einer kräftigen Tomatensauce servieren.

## Tortillas mit Salsa

***Teig:** 200 g Mehl / 1 TL Salz /*
*100 ml lauwarmes Wasser*

***Füllung:** 3 Tomaten / 2 Frühlingszwiebeln /*
*2 Knoblauchzehen / 2 TL Öl / 1 TL Chilipulver /*
*Zitronensaft / Meersalz / etwas Crème fraîche*

Das Mehl sieben, Salz hineingeben, mit dem Wasser vermischen und gut durchkneten. Den Teig 1 Stunde ruhen lassen.

Den Teig in 12 gleichgroße Stücke teilen und zu Kugeln formen. Jede Kugel zwischen 2 Lagen Pergamentpapier etwa 2 Millimeter dick ausrollen.

Auf dem Grill eine flache Steinplatte oder ein Metall erhitzen. Die Tortillas darauf von jeder Seite 2-3 Minuten backen.

Für die Füllung die Tomaten würfeln, die Frühlingszwiebeln in feine Ringe schneiden und den Knoblauch fein hacken. Mit dem Öl und dem Chilipulver verrühren, mit Zitronensaft und Salz abschmecken. Die Füllung auf die Tortillas verteilen, die Tortillas zusammenklappen und nochmals kurz auf den Grill geben.

Mit einem Klecks Crème fraîche servieren.

# Tortillas Ernesto

***Teig:*** *200 g Mehl / 1 TL Salz /*
*100 ml lauwarmes Wasser*

***Füllung:*** *200 g Gouda / 200 g Karotten /*
*2 Tassen Zuckermais / etwas saure Sahne*

Das gesiebte Mehl mit dem Salz und dem Wasser vermischen und gut durchkneten. Den Teig 1 Stunde ruhen lassen.

Den Teig in 12 gleichgroße Stücke teilen und zu Kugeln formen. Jede Kugel zwischen 2 Lagen Pergamentpapier etwa 2 Millimeter dick ausrollen.

Auf dem Grill eine flache Steinplatte oder ein Metall erhitzen. Die Tortillas darauf von jeder Seite 2-3 Minuten backen.

Für die Füllung den Käse und die Karotten reiben. Mit den Maiskörnern mischen. Die Füllung auf die Tortillas verteilen, die Tortillas zusammenklappen und nochmals kurz auf den Grill geben.

Mit Mexiko-Sauce (S. 137) und einem Klecks saurer Sahne servieren.

# Gegrillte Polenta

*250 g Maisgrieß (Polenta) / 1 l Gemüsebrühe*

Den Maisgrieß mit der Gemüsebrühe aufkochen und bei schwacher Hitze 30 bis 45 Minuten ausquellen lassen. Vorsicht, da die Polenta leicht anhängt, sollte man öfters umrühren! Die Polenta ist fertig, wenn sie sich vom Topfrand löst.

Die Polenta abkühlen lassen und mit feuchten Händen zu einer dicken Rolle formen. In 1 bis 2 Zentimeter dicke Scheiben schneiden. Die Polentataler auf dem geölten Rost von beiden Seiten knusprig backen.

Gegrillte Polenta kann einfach als Beilage gereicht werden. Sie kann aber auch als Unterlage, belegt mit Gemüse, Käse oder Obst, ein eigenständiges Gericht sein.

# Grundrezept Chapatis

*200 g Kichererbsen / 1 TL Meersalz /*
*1/2 TL Kreuzkümmel / 1/2 TL Koriander / 1 EL Öl /*
*etwa 100 ml lauwarmes Wasser*

Die Kichererbsen fein mahlen. Das Mehl mit den Gewürzen und dem Öl mischen und mit so viel Wasser verkneten, daß ein fester, geschmeidiger Teig entsteht. Den Teig mindestens eine Stunde, nach Möglichkeit länger, ruhen lassen.

Den Teig in 4 Portionen aufteilen und auf einer bemehlten Fläche hauchdünn ausrollen.

Eine Stein- oder Metallplatte auf dem Grill erhitzen und die Chapatis von beiden Seiten etwa 1 Minute bakken. Während des Backens mit dem Bratenwender rundherum leicht auf die Ränder drücken. Dadurch entstehen kleine Luftblasen, die das Gebäck lockern.

Die gebackenen Chapatis in ein Tuch einschlagen, bis alle fertig sind.

Chapatis kommen ursprünglich aus Indien. Sie schmecken besonders gut zu scharf gewürzten Hülsenfrüchten. Man kann sie aber auch mit Butter bestreichen, solange sie noch heiß sind, oder einfach als Beilage zu einem Gemüsegericht servieren.

# Chapatis mit Linsen

*200 g Kichererbsen / 1 TL Meersalz /
1/2 TL Kreuzkümmel / 1/2 TL Koriander / 1 EL Öl /
etwa 100 ml lauwarmes Wasser /
250 g rote Linsen, gekocht / 1/2 TL Kreuzkümmel /
1/2 TL Koriander / 1 TL Curcuma /
200 g Crème fraîche*

Die Kichererbsen fein mahlen. Das Mehl mit den Gewürzen und dem Öl mischen und mit so viel Wasser verkneten, daß ein fester, geschmeidiger Teig entsteht. Einige Stunden ruhen lassen.

Teig in 4 Portionen aufteilen und auf einer bemehlten Fläche hauchdünn ausrollen.

Eine Stein- oder Metallplatte auf dem Grill erhitzen und die Chapatis von beiden Seiten etwa 1 Minute backen.

Die gekochten Linsen mit den Gewürzen und der Crème fraîche verrühren und zu den Chapatis reichen.

## Bananen-Chapatis

*200 g Kichererbsen / 1 TL Meersalz / 1/2 TL Kreuzkümmel / 1/2 TL Koriander / 1 EL Öl / etwa 100 ml lauwarmes Wasser / 4 Bananen / 200 g Crème fraîche / Curry*

Die Kichererbsen fein mahlen. Das Mehl mit den Gewürzen und dem Öl mischen und mit so viel Wasser verkneten, daß ein fester, geschmeidiger Teig entsteht. Den Teig einige Stunden ruhen lassen.

Den Teig in 4 Portionen aufteilen und auf einer bemehlten Fläche hauchdünn ausrollen.

Eine Stein- oder Metallplatte auf dem Grill erhitzen und die Chapatis von beiden Seiten etwa 1 Minute bakken.

Die Bananen in der Schale grillen, bis die Schalen schwarz sind. Das Fruchtfleisch herausnehmen und mit einer Gabel grob zerdrücken. Mit Crème fraîche verrühren und mit Curry und Salz pikant abgeschmeckt zu den Chapatis reichen.

# Crêpes

*160 g Mehl / 2 EL Öl / 1/2 TL Salz / 400 ml Wasser*

Aus allen Zutaten einen Teig bereiten. Im Kühlschrank etwa 2 Stunden ruhen lassen.

Eine Metallplatte ölen und auf dem Grill erhitzen. Mit einem Löffel etwas Teig daraufgeben und dünn ausstreichen. Von beiden Seiten ausbacken. Die Crêpes sollten nicht zu dunkel werden.

Crêpes entweder süß, z.B. mit Kompott, oder herzhaft füllen und zu Vierteln zusammengeklappt servieren.

# Fladen, Brot und Brötchen

## Steckerlbrot

*500 g Weizenmehl / 1 Päckchen Hefe / 1 TL Salz / 1-2 EL frische Kräuter / gerade Stöcke aus frischem Holz*

Aus allen Zutaten einen geschmeidigen Hefeteig kneten. 15 Minuten gehen lassen.

Die Rinde von den Stöcken (Steckerln) abschälen.

Von dem Hefeteig Teigstücke abnehmen und zu langen „Würsten", die etwa 1 Zentimeter dick sind, ausziehen. Die Teigwürste spiralförmig auf die Stöcke wikkeln und über den Grill halten. Dabei ständig drehen, damit das Brot nicht verbrennt.

Steckerlbrot eignet sich auch besonders gut für Lagerfeuer oder fürs gemütliche Beisammensein am offenen Kamin. Gerade Kindern macht es Spaß, ihr eigenes Brot selbst zu backen.

# Knusperstangen

*250 g Mehl / 1 Päckchen Hefe /*
*100 ml Wasser / 30 ml Öl / 1 TL Salz /*
*Stöcke aus frischem Holz oder lange Spieße /*
*Öl / Kümmel oder grobes Salz nach Belieben /*
*Wasser zum Bestreichen*

Aus Mehl, Hefe, Wasser, Öl und Salz einen geschmeidigen Hefeteig kneten. Er darf nicht mehr kleben; notfalls noch etwas Mehl dazugeben.

Die Holzstöcke (entrindet) oder die Metallspieße dünn mit Öl einreiben. Von dem Teig Stückchen abnehmen, zu kleinen Kugeln rollen und den Teig vorsichtig (wie einen Strumpf) über die Stöcke ziehen. Mit etwas Wasser bestreichen und nach Geschmack mit Kümmel oder grobem Salz bestreuen.

Die Stangen unter ständigem Drehen über die Glut halten, bis der Teig eine schöne braune Farbe annimmt. Vorsichtig herunternehmen und vor dem Verzehren etwas abkühlen lassen.

Die Stangen schmecken übrigens auch kalt sehr gut.

## Sesamknäcke

*150 g Weizenmehl / 150 g Dinkelmehl / 30 g Sesam / 30 g weiche Butter / 1 TL Salz / 1/4 l lauwarme Milch / Sesam zum Bestreuen*

Mehl, Sesam, Butter, Salz und die lauwarme Milch gut miteinander verkneten. Der Teig sollte nicht mehr kleben; notfalls noch etwas Mehl dazugeben.

Eine glatte Metallplatte ölen und auf dem Grill heiß werden lassen. Je größer der Abstand zur Glut, desto besser, da die Fladen sonst leicht verbrennen.

Den Teig zu einer langen Rolle formen und in ca. 10 Stücke aufteilen. Die einzelnen Stücke zu Kugeln formen, dann mit feuchten Händen zu sehr dünnen Fladen ausziehen. Auf der heißen Platte von beiden Seiten backen, bis sie knackig sind. Mit Sesam bestreuen.

# Knoblauchtoast

*8 Scheiben Vollkornbrot / 100 g Butter /*
*2-3 Knoblauchzehen / 1 EL frische Kräuter /*
*1 TL Zitronensaft / Meersalz*

Die Butter weich rühren. Die Knoblauchzehen hineinpressen, mit gehackten Kräutern, Zitronensaft und Meersalz abschmecken.

Die Brotscheiben dick mit der Knoblauchbutter bestreichen und von beiden Seiten auf dem Grill rösten.

Knoblauchtoast schmeckt gut zu einem frischen Salat. Man kann die Brotscheiben aber auch würfeln und als Einlage für eine Suppe verwenden.

# Orientalische Fladen

*200 g Kichererbsen / 100 g Weizen / 5 EL frische Kräuter / 1 TL Salz / ca. 150 ml Wasser*

Die Kichererbsen und den Weizen sehr fein mahlen. Die Kräuter hacken. Alle Zutaten zu einem nicht zu weichen Teig verarbeiten. Den Teig 1 Stunde ruhen lassen.

Den Teig auf einer bemehlten Fläche zu 4 dünnen Fladen ausrollen.

Eine Stein- oder eine geölte Metallplatte auf dem Grill heiß werden lassen und die Fladen darauf nacheinander backen. Die fertigen Fladen in ein Tuch einschlagen.

# Tomatenfladen

*200 g Kichererbsen / 100 g Weizen /
5 EL frische Kräuter / 1 TL Salz / 2 Tomaten*

Die Kichererbsen und den Weizen sehr fein mahlen. Die Kräuter hacken. Die Tomaten im Mixer pürieren. Alle Zutaten zu einem nicht zu weichen Teig verarbeiten, eventuell noch etwas Wasser hinzufügen. Den Teig 1 Stunde ruhen lassen.

Den Teig auf einer bemehlten Fläche zu 4 dünnen Fladen ausrollen.

Eine Stein- oder eine geölte Metallplatte auf dem Grill heiß werden lassen und die Fladen darauf nacheinander backen. Die fertigen Fladen in ein Tuch einschlagen.

## Gewürzfladen

*150 g Buchweizen / 500 g Dinkel / 20 g Hefe / 1/2 TL Salz / 1/2 TL Koriander / 1/2 TL Kümmel / 75 g Joghurt / 1/4 l lauwarmes Wassser / 1 EL Öl*

Den Buchweizen und den Dinkel fein mahlen. Alle Zutaten miteinander verkneten. Den Teig 1 Stunde gehen lassen. Nochmals gut durchkneten.

Eine glatte Metallplatte ölen und auf dem Grill heiß werden lassen. Je größer der Abstand zur Glut, desto besser, da die Fladen sonst leicht verbrennen.

Aus dem Teig kleine, handtellergroße Fladen formen und auf der heißen Platte von beiden Seiten backen.

# Sonnenfladen

*2 Tassen gekeimte Weizenkörner / 3 EL Mehl / 2 EL gemahlene Haselnüsse*

Die Keime im Mixer pürieren. Nach und nach mit dem Mehl und den gemahlenen Haselnüssen verkneten. Den Teig zu einem etwa 5 Millimeter dicken Fladen ausrollen. Auf eine heißen Stein- oder Metallplatte geben.

Die Hitze sollte nicht zu groß sein. Die Sonnenfladen sollen eher trocknen als backen; ursprünglich wurden sie an der Sonne getrocknet.

Der Sonnenfladen ist gar, wenn die Feuchtigkeit weitgehend entwichen ist.

# Marinaden

## Knoblauchbutter

*100 g Butter / 2-3 Knoblauchzehen /*
*1 TL Zitronensaft / Meersalz*

Die Butter weich rühren. Knoblauchzehen hineinpressen, mit Zitronensaft und Meersalz abschmecken.

## Basilikumbutter

*100 g Butter / 1 Bund Basilikum / 50 g Crème fraîche /*
*Pfeffer / Meersalz*

Die Butter schaumig rühren. Basilikumblätter hacken und mit der Crème fraîche unter die Butter mischen. Mit Meersalz und schwarzem Pfeffer abschmecken.

## Olivenbutter

*100 g Butter / 10 Oliven / 5 süße Mandeln / Pfeffer / Meersalz / Oregano / Tabasco*

Die Butter schaumig rühren. Die Oliven entsteinen und hacken, die Mandeln fein hacken. Unter die Butter mischen und mit den Gewürzen abschmecken.

## Tomatenbutter

*100 g Butter / 2 EL Tomatenmark / 1 Schalotte / schwarzer Pfeffer / Meersalz / frisches Basilikum*

Die Butter weich rühren, das Tomatenmark dazugeben. Die Schalotte sehr fein hacken und ebenfalls unter die Butter rühren. Mit Pfeffer, Salz und frischem Basilikum abschmecken.

## Schalottenbutter

*100 g Butter / 3 Schalotten / 1/2 Tasse Wasser / 2 EL Rotweinessig / 1 Lorbeerblatt / 1 Prise Thymian / Meersalz*

Die Schalotten fein schneiden. Wasser und Rotweinessig zum Kochen bringen und Schalotten, Lorbeer und Thymian darin köcheln lassen, bis die Flüssigkeit verdampft ist. Das Lorbeerblatt herausnehmen, die Schalotten abkühlen lassen.

Die Butter weich rühren und die Schalotten untermischen. Mit Meersalz abschmecken.

# Tahin mit Joghurt

*2 EL Tahin / 8 EL Joghurt / 1 EL Zitronensaft / 1 Knoblauchzehe / Pfeffer / Meersalz*

Tahin, Joghurt und Zitronensaft glattrühren. Die Knoblauchzehe hineinpressen. Mit Pfeffer und Meersalz abschmecken.

Tahin mit Joghurt paßt gut zu allen gegrillten Gemüsesorten, aber auch zu warmem Fladenbrot.

# Tahin mit Apfelmus

*4 EL Tahin / 150 ml Apfelmus / Honig nach Geschmack*

Das Tahin mit dem Apfelmus verrühren. Nach Bedarf etwas Honig hinzufügen.

Tahin mit Apfelmus schmeckt zum Beispiel als Füllung von Crèpes sehr lecker.

## Sojanaise

*1/4 l Sojamilch / 200 ml Öl / 1 EL Essig /*
*1 TL Kräutersalz / 1/4 TL Honig /*
*1 kleine gekochte Kartoffel*

Die Sojamilch mit der Hälfte des Öls im Mixer bei hoher Geschwindigkeit 1 Minute mixen. Das restliche Öl langsam dazugießen, während der Mixer weiterläuft. Die restlichen Zutaten ebenfalls untermixen.

Die Sojanaise mindestens 1 Stunde kalt stellen. Sie steift dadurch noch wesentlich nach.

Sojanaise ist die vegetarische Alternative zu Mayonnaise. Da sie keine Eier enthält, kommt dies auch dem Cholesterinspiegel zugute.

# Auberginencreme

*2 Auberginen / Öl / 200 ml Joghurt / Zitronensaft / 2 Knoblauchzehen / Meersalz / schwarzer Pfeffer*

Die Auberginen halbieren, die Schnittstellen mit Öl bestreichen und im vorgeheizten Backofen bei 200°C 45 bis 60 Minuten backen. Das Fruchtfleisch mit einem Löffel herauskratzen. Zusammen mit dem Joghurt im Mixer pürieren. Mit dem Zitronensaft, dem gepreßten Knoblauch und den Gewürzen abschmecken. Vorsicht: Der Knoblauch entfaltet seine Wirkung erst so richtig, wenn die Creme einige Zeit durchgezogen ist. Lieber nochmal nachwürzen!

Auberginencreme schmeckt besonders gut zu Fladenbrot und gegrilltem Gemüse.

# Pesto

*1 Bund Basilikum / 100 g Pinienkerne /*
*1 Tasse Parmesan oder Pecorino / 5 EL Olivenöl /*
*2 Knoblauchzehen / Meersalz / schwarzer Pfeffer*

Das Basilikum fein hacken, die Pinienkerne in einer trockenen Pfanne kurz bräunen und ebenfalls fein hakken. Den Käse fein reiben. In einem Mörser Basilikum und Pinienkerne möglichst fein zerreiben. Olivenöl und gepreßten Knoblauch und dann den Käse dazugeben. Mit Meersalz und Pfeffer abschmecken. Einige Stunden durchziehen lassen.

Pesto schmeckt besonders gut zu gegrillten Tomaten. Es ist übrigens auch eine der „klassischen" italienischen Nudelsaucen.

# Avocado-Creme

*1 reife Avocado / 200 g Frischkäse / 2 EL süße Sahne / Zitronensaft / Salz / schwarzer Pfeffer*

Die Avocado längs halbieren und den Kern herauslösen. Das Fruchtfleisch aus der Schale kratzen und mit einer Gabel fein zermusen. Den Frischkäse und die süße Sahne dazugeben und zu einer glatten Creme verrühren. Mit Zitronensaft, Salz und frisch gemahlenem schwarzen Pfeffer abschmecken.

Avocado-Creme schmeckt gut zu Bratlingen, gegrilltem und frischem Gemüse.

# Tomaten-Paste

*200 g Tofu / 4 EL Tomatenmark / 1 kleine Zwiebel / 1 Knoblauchzehe / 3 EL Öl / Pfeffer / Meersalz / Oregano*

Den Tofu zerkrümeln und das Tomatenmark dazugeben. Die Zwiebel fein hacken, Knoblauch pressen und in dem Öl kurz andünsten. Zu dem Tofu geben und mit einer Gabel zu einer Paste verarbeiten. Mit Pfeffer, Salz und Oregano abschmecken. Eventuell noch etwas Flüssigkeit (Wasser, Gemüsebrühe, Milch) unterrühren.

Tomaten-Paste schmeckt gut zu Tortillas und Fladenbrot oder als Aufstrich auf Hamburgern.

## Mexiko-Sauce

*4 Tomaten / 1 Zwiebel / 2 Knoblauchzehen / 2 EL Tomatenmark / 1 EL Honig / 1 EL Kakao- oder Carobpulver / 1 TL Oregano / 1/4 TL Curcuma / 1/4 TL Koriander / 1/2 TL Kreuzkümmel / 1 TL Paprika / Meersalz*

Die Tomaten würfeln, die Zwiebel fein hacken, den Knoblauch pressen. Alle Zutaten in einen Topf geben und zu einer sämigen Sauce einköcheln lassen.

Mexiko-Sauce paßt gut zu gefüllten Tortillas. Zu jeder Portion noch einen Klacks saure Sahne geben.

# Schoko-Creme

*3 EL Kakao- oder Carobpulver / 4 EL süße Sahne /*
*1 EL Honig / 200 g Tofu / 1 Prise Salz /*
*1/2 TL Vanillepulver*

Das Kakao- oder Carobpulver mit der süßen Sahne und dem Honig anrühren. Den Tofu grob zerkrümeln. Alle Zutaten im Mixer zu einer cremigen Paste pürieren.

Schoko-Creme paßt gut zu Crèpes. Nimmt man etwas mehr süße Sahne, wird die Creme flüssiger und kann als Sauce zu gegrilltem Obst gereicht werden.

## Orangen-Creme

*2 Orangen / 200 g Tofu / 1 EL Honig / 1 EL Öl / 1 TL Vanillepulver / 1 Prise Salz / etwas abgeriebene Orangenschale*

1 Orange auspressen. Die andere Orange schälen, so daß auch die weiße Haut entfernt wird. Das Fruchtfleisch in Würfel schneiden.

Den Tofu zerkrümeln. Im Mixer mit Orangensaft, Honig, Öl, Vanillepulver, Salz und der abgeriebenen Orangenschale glattrühren. Die Orangenwürfel unterziehen.

Diese Creme paßt gut zu gegrilltem Obst.

# Die Autorin

Jutta Grimm, Jahrgang 1962, studierte in Trier Haushalts- und Ernährungstechnik.

Die Erfahrungen aus ihrem Studium und ihr Interesse an einer gesunden und ökologischen Ernährung brachten sie 1986 zum pala-verlag, wo sie in verschiedenen Funktionen arbeitet.

1990 erschien im pala-verlag ihr erstes Buch **Brotaufstriche selbstgemacht**.

# Rezeptindex

# Andere Bücher aus dem pala-verlag

Grimm: **Brotaufstriche**
Taschenbuch, 12,80 DM
ISBN: 3-923176-65-1

Olesen: **Das Kohlkochbuch**
Taschenbuch, 9,80 DM
ISBN: 3-923176-62-7

Hertling: **Kochen mit Hirse**
Taschenbuch, 9,80 DM
ISBN: 3-923176-50-3

Schorndorfer: **Konservierung**
Taschenbuch, 9,80 DM
ISBN: 3-923176-38-4